Claus Blickhan

Die sieben Gesprächsförderer

HERDER spektrum

Band 4808

Das Buch

Aus fast jedem Gegeneinander kann ein Miteinander werden, wenn die Partner richtig miteinander reden. Wie das geht, lernen die Leserinnen und Leser anhand dieses Kurzlehrgangs. Dabei ist es gleichgültig, ob es sich um Gespräche im partnerschaftlichen oder familiären Rahmen, von Nachbar zu Nachbar, am Arbeitsplatz, im Verein, im Freundeskreis, in der Schule oder auf der politischen Bühne handelt. Der Autor beschränkt sich auf die sieben wichtigsten Grundregeln. Dazu gehört das aufmerksame, zugewandte Hinhören ebenso wie das richtige, offene Fragen oder das klare, verständliche Formulieren und Informieren, das Vermeiden von vorwurfsvollen, aggressiven Untertönen genauso wie der Verzicht auf ironische Schlenker oder verwaschene Andeutungen. Die Kommunikationsvorgänge werden in dieser Weise einfach, klar und übersichtlich und in jeder Situation anwendbar. Kurze Zusammenfassungen und prägnante Merksätze erhöhen den Nutzeffekt dieses Leitfadens für gute Gespräche.

Der Autor

Claus Blickhan, Diplom-Psychologe, arbeitet seit vielen Jahren als Management-Trainer. Er ist Mitbegründer des ersten deutschen Instituts für NLP im Management. Leitet zusammen mit seiner Frau Daniela Blickhan das „INNTAL-Institut für NLP" in Rosenheim.

Claus Blickhan

Die sieben Gesprächsförderer

Miteinander reden lernen

HERDER

FREIBURG · BASEL · WIEN

Gedruckt auf umweltfreundlichem,
chlorfrei gebleichtem Papier

2. Auflage
Originalausgabe

www.herder.de
Satz: Rudolf Kempf, Emmendingen
Herstellung: fgb · freiburger graphische betriebe 2002
www.fgb.de
Umschlaggestaltung und Konzeption:
R·M·E München / Roland Eschlbeck, Liana Tuchel
Umschlagmotiv: © The Image Bank
ISBN 3-451-04808-6

Inhalt

Vorwort

Als Sie das Licht der Welt erblickten, konnten Sie wie wir alle schon eine ganze Menge lebenswichtiger Dinge, wie z. B. atmen und schlafen. Anderes mussten Sie erst lernen. Eines der ersten, was wir im Leben lernen, ist trinken[1]. Und gleichzeitig lernen wir noch etwas anderes: Zu signalisieren, wenn wir etwas zu trinken brauchen. Anfangs modifizieren wir unser Babygeschrei auf eine ganz bestimmte Art, die nur die Mutter versteht. Mit den Jahren wird die Ausdrucksweise differenzierter, und schließlich beherrschen wir – mehr oder weniger – unsere Muttersprache so, dass wir sagen können, was wir meinen, und verstehen, was die anderen sagen.

In der Schule lernen wir dann noch lesen und schreiben, auf der höheren Schule dann all das sogar noch in fremden Sprachen. Wir lernen dabei die Bedeutung der Wörter genauer kennen, können „Trotzdem" von „Obwohl" unterscheiden, wir lernen die grammatikalisch richtige Konstruktion von Sätzen, wir üben im Diktat unsere Ortografie und im Aufsatz unseren Stil. Wir beschäftigen uns mit Literatur und lesen, wie Goethe, Hemingway und Kleist geschrieben haben.

Aber wann und wo lernen wir, was wir im Alltag wirklich brauchen: Wie erklären wir jemand den Weg zum Bahnhof? Wie bitten wir um Hilfe? Wie können wir dafür sorgen, dass andere uns gerne zuhören? Wie spreche ich jemand an, der mich interessiert? Wie teile ich einem Freund mit, wie ich mich wirklich fühle? Dafür gibt es keine Lehrpläne, das lernen

[1] Schluck- und Saugreflex sind zwar schon vorhanden, doch die Babies müssen noch lernen, das alles zu koordinieren.

wir nicht in der Schule. Und für manche mag es scheinen, das könne man gar nicht lernen: „Das hat man – oder man hat es nicht."

Diese Meinung ist in ihrer Schwarz-Weiß-Mentalität schlichtweg falsch. Natürlich gibt es Unterschiede im Talent, in der Veranlagung. Aber dass ein gesunder Mensch sich gar nicht ausdrücken kann, ist genau so ausgeschlossen wie das Gegenteil, dass ein talentierter Redner ohne jedes Training zu seiner Fertigkeit gekommen wäre. Gerade Talente trainieren, um ihre Fähigkeiten aus- und aufzubauen. Was es da zu lernen gibt und wie Sie das am besten lernen können, davon handelt dieses Buch.

Training der Kommunikation wird seit vielen Jahren in Firmen systematisch eingesetzt, und mit der Zeit und mit zunehmender Erfahrung sind diese Trainings praktikabler und effektiver geworden. Seit Paul Watzlawicks Klassiker „Menschliche Kommunikation" Ende der 60er Jahre sind Dutzende von Büchern zu dem Thema veröffentlicht worden. Wozu also noch ein Buch?

In diesem Buch finden Sie die wesentlichen Inhalte aus Gesprächspsychologie und Kommunikationsforschung
- knapp und prägnant
- leicht verständlich
- praktisch zu üben und anzuwenden.

Die Auswahl des Stoffes ist bei dieser Zielstellung naturgemäß subjektiv[2]. Sie stützt sich stark auf die Arbeiten von Schulz von Thun und sein Konzept der „vier Aspekte", das Sie im Einführungskapitel kennenlernen. Um der praktikablen Anwendung gerecht zu werden, ist der Stoff nach den „sieben

[2] Wichtige Konzepte wie z.B. das Meta-Modell der Sprache fallen deshalb heraus. Es erklärt zwar exzellent. die Problematik der Verständlichkeit aus psycholinguistischer Sicht, ist aber meiner Meinung nach nicht sinnvoll auf den hier verfügbaren Platz zu kürzen.

Gesprächsförderern" geordnet, und in jeweils einige Tipps dazu untergliedert. Sie können das Buch von Anfang bis zum Ende lesen. Sie können aber auch nach den ersten drei Kapiteln, in denen die Basis für die anderen gelegt wird, nach Herzenslust in den anderen Kapiteln herumspringen und sich einzelne Texte und Übungen nach Ihrer Wahl herauspicken. Das letzte Kapitel über „Feedback" ist ein wenig akademischer ausgefallen, dürfte aber trotzdem für Noch-Nicht-Fachleute verständlich sein.

Verhalten kann man nicht in Büchern lernen. Was dieses Buch bietet, sind Hinweise zum genaueren Beobachten, besseren Zuhören, verständlichen Sprechen und zu partnergerechter Kommunikation. Dazu gibt es viele Beispiele und Übungen. Wenn Sie mögen, legen Sie einen Block und Stift in die Nähe. Dann können Sie manche Übungen viel intensiver machen.

Üben können Sie auch in Kursen an Volkshochschulen und anderen Institutionen. Wenn Sie Lust bekommen und dorthin gehen wollen – umso besser. Und wenn Sie solche Kurse schon einmal besucht haben, kann Ihnen das Buch helfen, mehr zu verstehen und weiter zu üben. Wundern Sie sich nicht, wenn einige Übungen Ihnen vielleicht gar nicht so leicht fallen. So, wie wir bisher Sprache gelernt haben, sind wir in manchen Aspekten der Kommunikation noch sehr wenig vorgebildet. Und es ist noch kein Meister vom Himmel gefallen. Aber es wird Ihnen gefallen, Kommunikation noch besser als bisher zu meistern.

Viel Spaß und viel Erfolg beim Lesen, Üben und Anwenden!

Claus Blickhan
April 2000

Einführung

Monika kommt aufgeregt vom Einkaufen zurück und findet Martin in seinem Arbeitszimmer. Der ist gerade dabei, eifrig in einem Papierstapel auf seinem Schreibtisch zu suchen. Sie räumt ihre Sachen in der Küche auf und ruft durch die offene Tür hinüber:

„Mensch, Martin, du ich muss dir was Tolles erzählen...“

Martin sucht verzweifelt weiter: „Wo ist das denn nur geblieben..?“

„Stell dir vor, Elfriede hat einen neuen Freund!“

„Ich hatte es doch vor drei Minuten noch in der Hand!“

„Er ist in der Immobilienbranche.“

„Das gibt es doch nicht, das muss hier sein.“ Martin steht auf und geht zum Schrank. Monika fragt nach: „Sag' mal, hörst du mir überhaupt zu?“

Martin blättert inzwischen intensiv in einer Akte: „Wie bitte, was, ja klar, sehr interessant, red' weiter. Wo ist denn das verflixte Ding?“

In diesem Beispiel haben zwei Gesprächspartner geredet. Haben sie miteinander geredet, haben sie aneinander hin geredet, haben sie aneinander vorbeigeredet? Bilden Sie sich selbst eine Meinung dazu!

So einfach scheint das Reden gar nicht zu sein. Jede Stufe ist denkbar vom achtlosen vorbeireden bis zum feindseligen Gegeneinander, und dann bombardieren sich zwei Streithähne abwechselnd mit ihren Meinungen, jeder beharrt auf der seinen. Sie unterbrechen sich ständig, keiner hört auf die des anderen, und nichts bewegt sich.

Wie Sie jedes Gespräch zerstören können

Also nicht immer, wenn zwei reden, reden sie wirklich miteinander. Aber selbst wenn einer auf die Beiträge des anderen eingeht, ist es nicht automatisch hilfreich. – Schauen Sie sich das folgende Gespräch an. Anna sitzt mit ihrer Schwester Beate am Feierabend auf der Couch:

Anna: Eigentlich wollte ich noch den Michael anrufen. Aber das mache ich lieber morgen.
Beate: Wieso denn? Ruf doch gleich an!
A.: Nein. Ich bin doch überhaupt nicht in der Stimmung.
B.: Ach was, stell dich nicht so an. Das klappt schon.
A.: Nee du, das ist mir zu wichtig.
B.: Ach, hör doch auf. „Zu wichtig“, du bist einfach zu sensibel.
A.: Na, ich weiß nicht...
B.: Na, gib dir einfach einen Stoß!
A.: Wer weiß, wen ich an's Telefon kriege.
B.: Na, vielleicht seinen Bruder. Mit dem flirtest du ein bisschen, kleiner Witz, plauder, plauder und schon...
A.: Also sowas liegt mir nicht.
B.: Quatsch, ich mach das immer so. Den Mutigen gehört die Welt.
A.: Ich sag doch, mir liegt das nicht und...
B.: Herrje bist du empfindlich. Gibt es eigentlich irgendwas, was dir liegt?

Welchen Einfluss hatten die Beiträge von Beate auf das Gespräch?

Wahrscheinlich haben Sie bemerkt, dass er nicht der günstigste war. Die Schwester hat das Gespräch weder konstruktiv mit gestaltet noch überhaupt richtig zugehört. Dabei hat sie ein bemerkenswertes Repertoire an „Gesprächsstörern“ benutzt: „Abern“, Herunterspielen, Abwiegeln und Ironie, Kritik. Und unrealistische Lösungsvorschläge sind auch Schläge – sie treffen nur den Partner, aber nicht den Kern der Sache, wenn das Problem noch nicht ausreichend geklärt ist.

Und in Streitgesprächen sind durchaus noch Steigerungen möglich. Aber genug des bösen Spiels. Ich will Ihnen ja keine Gesprächsstörer beibringen. Inzwischen haben Sie wahrscheinlich auch erkannt, dass in einem ganz gewöhnlichen Gespräch eine Reihe von Störern drohen. Lassen Sie sich nicht allzusehr irritieren, wenn der Partner sie anwendet.

Lassen Sie sich nicht stören...

Was können Sie dafür Sinnvolles tun? Zunächst einmal ist es eine Frage Ihrer Einstellung: Ein „Gesprächsstörer" wird nur dann zum Störer, wenn Sie sich davon stören lassen. Also lassen Sie sich nicht stören! Nehmen Sie die Beiträge Ihres Partners als das, was sie sind: als Beiträge eben, als Versuche, zu dem Gespräch etwas beizutragen. Wenn er das nun auf eine andere Art und Weise tut, als es Ihnen im Moment hilft, dann ist es eben nicht hilfreich. Aber störend wird es erst, wenn Sie sich wirklich daran stören. Das heißt nun nicht, dass Sie Ihn bei seinem Boykott auch noch unterstützen sollen. Es gibt durchaus einige konstruktive Möglichkeiten, mit solchen Situationen umzugehen. Arbeiten Sie konstruktiv mit Gesprächsförderern! Sie können einfach weiter zuhören. Oder Sie können fragen, was er genau meint. Sie können sagen, wie es Ihnen in einer solchen Situation geht. Oder Sie können ihn bitten, anders mit Ihnen zu reden. Sie können ihm zurückspiegeln, was er gerade tut und wie das sich auswirkt, wenn Sie die kritische Bewertung akzeptabel verpacken. Oder Sie können ansprechen, wie Sie die Beziehung in dem Gespräch gerne gestalten möchten. Das alles ist Thema der folgenden Kapitel. Möglichkeiten gibt es viele. Aber hübsch der Reihe nach....

Die zweite Regel für Gesprächsstörer ist noch viel einfacher. Wenn Sie mit jemandem reden, benutzen wenigstens Sie keine Störer!

Das erste, was Sie als guter Gesprächsführer verlernen sollten, ist das Dazwischenreden, Dagegenreden, und der Gebrauch weiterer effektiver Gesprächsstörer.

Dies ist leichter gesagt als getan. Der erste Schritt kann darin bestehen, dass Sie sich eine geistige Alarmanlage installieren, die immer reagiert, wenn Ihnen doch ein solcher Störer herausrutscht. Das kann eine rote Lampe sein, die blinkt, oder eine Klingel, die schrillt. Machen Sie sich im ersten Schritt keine Vorwürfe, dass es Ihnen passiert ist, sondern seien Sie froh, dass Sie es bemerkt haben. Dann können Sie es noch korrigieren, neu sagen oder sich immer noch entschuldigen – besser spät als gar nicht. Sie werden merken, wie Sie allmählich immer sensibler für Ihre eigene Sprache werden, und schneller reagieren können. Und dann erreichen Sie den Punkt, wo Ihnen die Störer schon auffallen, bevor Sie welche benutzen. Und dann überlegen Sie sich bessere Alternativen.

Halten wir uns also nicht zu lange mit den Störern auf, sondern kümmern uns um die positiven Möglichkeiten, um die konstruktiven Beiträge, die Sie anbieten können. Und davon handelt der Rest dieses Buches.

Wie entsteht aus den Beiträgen von zwei Rednern überhaupt ein Gespräch?

Um noch genauer zu verstehen, was in einem Gespräch abläuft und wie Sie sich das Miteinander- oder Gegeneinander-Reden deutlich machen können, möchte ich Ihnen ein pragmatisches Modell zum Erklären von Gesprächsbeiträgen vorstellen. Betrachten wir zunächst eine kleine Szene[3] aus dem Alltag:

[3] Diese Szene hat der Kommunikationswissenschaftler Schulz von Thun in seinem Standardwerk „Miteinander reden" vorgestellt. Sie wird mittlerweile in fast allen einschlägigen Seminaren benutzt. Deshalb wähle auch ich sie anstatt eines eigenen Beispiels. Wenn Sie es auch schon kennen, können Sie sich das Folgende umso besser merken.

Ein Mann fährt Auto, und sein Beifahrer sagt: „Du, da vorn ist grün!“

Was glauben Sie, was wird der Fahrer antworten? Überlegen Sie sich mindestens 7 Antwortvorschläge, bevor Sie weiterlesen:

Die Bitte um mindestens sieben Antwortvorschläge war nötig, um ein wenig Abwechslung bei den Antworten zu provozieren. Schauen Sie zunächst einmal, welche Antworttypen bei Ihnen vorkommen:

Vielleicht antwortet der Fahrer nur mit einem kurzen – „mhm“ – „aha“ – „Oh“. Die literarische Spitze dieses Eisbergs bietet von Bühlow's (alias Loriot): – „Ach was“. Natürlich ist es auch gut denkbar, dass der Fahrer gar nichts antwortet – Schweigen kann auch eine vielsagende Botschaft sein. Allerdings sind diese Kürzel nicht ohne Weiteres einzuordnen, aber dazu kommen wir später noch.

Vier Aspekte in jeder Botschaft

Sie können nun auswerten, in welche der folgenden Kategorien Ihre Vorschläge fallen, Dazu schauen wir uns diese vier Kategorien zunächst genauer an. Eine Gruppe Hamburger Wissenschaftler um Schulz von Thun hat die Aspekte differenziert, die in jeder Botschaft enthalten sind: Sie bauen auf Watzlawicks Erkenntnis auf, dass Kommunikation vielschichtig ist. Wir tauschen nicht nur Informationen aus (Wir werden sogar noch einzusehen haben, dass dies der geringste Anteil überhaupt ist), sondern Meinungen, Gefühle, Appelle und anderes mehr. Schauen Sie sich die Kategorien im Einzelnen an.

1. Die „**Selbstoffenbarung**" ist gewissermaßen die Visitenkarte des Senders, die ich im Einklang mit dem Volksmund lieber die Selbstdarstellung nennen möchte. Psychologisch gesehen entspricht sie dem Ausdruck des Sprechers und ist im Idealfall am klaren „Ich" zu erkennen. Aber nicht immer müssen einem Sprecher seine Selbstoffenbarungen bewußt sein.

Den Selbstdarstellungs-Aspekt präzisieren Sie mit der Frage:
Was sagt der Redner mit seinem Beitrag über sich?
Unser Beifahrer könnte z.B.signalisieren:
- *Ich passe mit auf, ich bin zuverlässig und hilfsbereit.*
- *Ich hab's eilig.*
- *Ich bin ein kluges Kerlchen, mir entgeht nichts.*

Die ausführliche Darstellung, wie Sie mit diesem Aspekt konstruktiv umgehen, finden Sie in Kapitel vier.

2. Der **sachliche Inhalt**, bei dem es wirklich um Information geht:
Was sagt der Sprecher zu welcher Sache?

Genaugenommen sagt unser Beifahrer:

- *Es geht um etwas, das da vorn ist.*
- *Das ist grün.*

Dass es sich dabei um eine Verkehrsampel drehen dürfte, interpretieren wir aus der Tatsache, dass es sich um ein Gespräch im Auto handelt. Machen Sie sich einmal bewusst, was wir alles weglassen müssen, wenn wir zwar ein Thema erschöpfend behandeln, unseren Gesprächspartner aber nicht erschöpfen wollen.

Der sachliche Inhalt lässt sich in der Regel wirklich einfach mit „es ist..." beschreiben. Er gibt Antwort auf die Fragen „Wer was, wie, wo und wann ist, hat oder tut". Ein Gespräch, in dem der sachliche Inhalt dominiert, birgt allerdings ein gewisses Risiko. Nur allzu oft ist es emotionslos und – sterbenslangweilig. Wie Sie dennoch Information sicher und richtig weitergeben können, steht in Kapitel drei.

3. Der **Appell** an den Partner offenbart sich auf die Frage:
Was will der Sprecher von mir?
Unser Beifahrer will vom Fahrer vielleicht:

- *Pass besser auf!!*
- *Gib Gas!*
- *Sei nicht so langweilig, red mit mir!*

Der Appell entspricht einer Aufforderung. Ein Großteil unserer Kommunikation kommt genau deshalb zustande, weil wir von unserem Gesprächspartner etwas wollen – ob in der Familie, in der Freizeit oder in der Arbeit. Wie Sie diesen Aspekt in Ihren Gesprächen überzeugender einbringen können, finden Sie im fünften Kapitel.

4. Der **Beziehungsaspekt:**
Hier kommen wir zum Kern von Kommunikation überhaupt: Sie schafft Kontakt. Und durch den Beziehungsaspekt definieren die Gesprächspartner, welchen Kontakt, welche Beziehung sie miteinander haben werden. Hier werden die Weichen gestellt für Krieg und Frieden, für Kooperation oder Wettbe-

werb, für Tyrannei oder Demokratie. Der Beziehungsaspekt ist gleichsam die Brücke, über die eine Information fließt. Ist die Brücke nicht tragfähig, kann die Information nicht fließen. Nehmen wir einmal das extreme Beispiel: Ich halte den Sprecher für einen Lügner. Dann sind alle Informationen, die von ihm kommen, absolut wertlos.

Der Beifahrer in unserem Beispiel ist im Hinblick auf den Beziehungsaspekt gar nicht so einfach zu interpretieren. Welche Beziehung könnte er anstreben?
- *Ich will dir ja nur helfen.*
- *Ich sehe mehr als du.*
- *Wollen wir irgendwas miteinander reden?*

Die Frage, mit der Sie den Beziehungsaspekt herausfinden, ist gar nicht so einfach zu stellen. In der Alltagssprache könnten Sie fragen: **„Wie redet der eigentlich mit mir?"** Oft ergibt sich das Beziehungsangebot, wenn wir Selbstdarstellung und Appell in Beziehung setzen, z. B.
- *Ich pass auf, du pennst – Ich bin besser als du.*
- *Ich hab's eilig, bitte gib Gas – du hilfst mir.*

Und für den Beziehungsaspekt ist es ganz entscheidend, dass ihn ein Gesprächspartner alleine gar nicht endgültig gestalten kann. Seine Bedeutung wird oft erst durch die Antwort definiert. Wenn unser Fahrer erst mal „Aha" antwortet, sind noch viele Gestaltungsmöglichkeiten offen. Sagt er „Halt die Klappe", dann versucht er sich wohl gegen eine Dominanz des Beifahrers zu wehren. Ob dies durch den Ton des Beifahrers oder durch die Empfindlichkeit des Fahrers zustande kommt, das ist die falsche Frage. Die Beziehung zwischen den Gesprächspartnern wird immer von beiden bestimmt – ob sie es wissen oder nicht, ob sie es wollen oder nicht, das spielt dabei keine Rolle. Und wie Sie konstruktiv an der Beziehung im Gespräch und damit an der Gesprächsatmosphäre mitarbeiten können, das steht im Kapitel sechs.

Was hätten Sie gesagt?

Nach dieser Beschreibung der vier Faktoren oder Aspekte können Sie Ihre Antworten unter zwei Gesichtspunkten zuordnen. Erstens: Welchen Aspekt stelle ich bei meiner Antwort in den Vordergrund, welcher ist betont? Und zweitens: Welchen Aspekt habe ich beim Sprecher herausgehört, worauf habe ich reagiert?

Für Ihre eigenen Antworten kann es interessant sein, herauszufinden: Wechseln in meinen Antworten die verschiedenen Aspekte ab, oder fallen alle in die gleiche Kategorie? Richte ich hauptsächlich Appelle an meine Umwelt – vielleicht in der Hoffnung, dass sich dann alle nach mir richten? Oder neige ich zum Versachlichen durch Betonen des Inhaltsaspektes?

A propos sachlich: Wieviele Ihrer Antworten hatten den sachlichen Aspekt im Vordergrund, und wieviele Ihrer Anworten haben auf den sachlichen Aspekt des Partnerbeitrags reagiert? Wenn es nur sehr wenige sind: das ist völlig normal. In der geschilderten Situation reagieren die meisten Menschen auf das Beziehungsangebot, meist auch mit einer Beziehungsbotschaft.

Natürlich wäre es stark übertrieben, mit den wenigen Antworten eine Charakterstudie ableiten zu wollen. Aber vielleicht gibt es einen ersten Hinweis. Und in der Zukunft können Sie einfach einmal darauf achten, ob Ihnen in Ihren Äußerungen eine Häufung des einen oder anderen Aspektes auffällt.

Mit welchem Ohr haben Sie gehört?

Der zweite Gesichtspunkt bei der Auswertung richtet unser Augenmerk darauf, auf welchen Aspekt der Partneraussage – also hier des Beifahrers – Sie geantwortet haben, mit welchem „Ohr“ Sie seine Aussage aufgenommen haben. Haben Sie eher seine Selbstdarstellung herausgehört und darauf reagiert, oder haben Sie seinen Kommentar als Beziehungsangebot verstanden?

Manche Gastgeber, die bei der Frage „Hast du Bier im Haus?" sofort aufspringen und es bringen, hören immer ganz deutlich den Appell heraus und fühlen sich aufgefordert, sofort etwas zu tun. Unter rein sachlichem Aspekt können sie ja noch gar nicht wissen, was der Frager bezweckt hatte, und ob ihm nicht ein einfaches „Ja" als Antwort ausgereicht hätte.

Kommunikation dient eben nicht – wie viele glauben oder vielleicht auch gerne glauben möchten – in erster Linie dem Austausch von Informationen. Sie dient eher dem Austausch von Meinungen, und letztlich geht es in der Kommunikation auch darum, Kontakt zu schaffen. Damit ist der Beziehungsaspekt immer der grundlegende. Erinnern sie sich an das Beispiel mit dem Lügner: Der Beziehungsaspekt bestimmt auch, wie wir den Inhalt verstehen oder verstehen wollen.

Durch die Brille der vier Aspekte betrachtet lässt sich auch verstehen, warum das Beispiel mit Anna und ihrer Schwester kein gutes Ende nahm. Beate hat fast nur gegen Anna geredet. Auf die Selbstoffenbarungen und Inhalte, die Anna angesprochen hat, ist sie gar nicht eingegangen oder hat direkt widersprochen. Ihre Beiträge waren vor allem eigene Selbstdarstellungen und Appelle. Damit hat sie ihre Schwester an der Entwicklung ihrer Gedanken mehr gehindert als gefördert und durch ständiges Gegenreden eher gestört und verunsichert. So hat sie vor allem dazu beigetragen, den Beziehungsaspekt in diesem Gespräch zum Gegeneinander werden zu lassen.

So gesehen können wir Kommunikation mit einem römischen Aquädukt vergleichen: Damit der Inhalt richtig fließen kann, braucht es einen klaren Kanal – schriftlich, mündlich, elektronisch. Dieser Kanal wird durch die verschiedensten Säulen gestützt, die wir im Folgenden noch behandeln werden. Das Fundament dieser Säulen ist aber immer die Beziehungsebene.

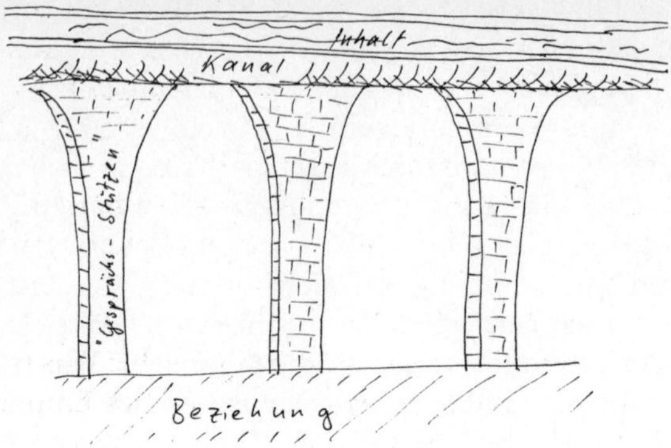

Die Sache mit den „Ohren" ist deshalb so wichtig, weil – wie bereits betont – jede Aussage alle vier Aspekte enthält und unter allen Aspekten gedeutet werden kann. Dabei ist es gleichgültig, wie stark sie dem Sprecher jeweils bewusst und wie absichtlich sie von ihm gemeint sind. Die Verkürzung auf eine einzige „gemeinte" Botschaft, wie sie von einigen Kommunikationstrainern gelehrt wird, ist deshalb zu stark vereinfacht. Sie lässt die entscheidenden „Nebenwirkungen" außer Acht, die Ihnen dabei helfen, ein Gespräch umfassender und tiefer zu verstehen. Auch wenn nicht immer alle vier Aspekte gleich wichtig sind, tun Sie also gut daran, sich darin zu üben, auch immer alle vier Aspekte zu erkennen.

Andererseits ist es natürlich sinnvoll, zu erkennen, ob der Partner einen Aspekt bewusst in den Vordergrund stellen wollte, und diesen dann auch entsprechend zu berücksichtigen. Sonst geht es wie in dem alten Witz:

Ein Preuße fragt den Bayern: „Guter Mann, wissen Sie, wie spät es ist?" Darauf der Bayer kurz, trocken und ganz eindeutig: „Ja!!"
Hier wird – aus welchen Absichten auch immer – ein recht eindeutiger Appell großzügig überhört und der Frager mit genau der sachlichen Antwort abgespeist, die seine Frage wörtlich beantwortet, aber auch kein Stückchen mehr.

Wie wir herausfinden und überprüfen können, ob der Partner einen Aspekt bewusst betonen wollte und welcher das ist, werden wir gleich im nächsten Kapitel behandeln.

Fassen wir zunächst einmal zusammen:
In jeder Botschaft sind alle vier Aspekte enthalten. Sie begleiten sie so selbstverständlich, wie ein Paket verschiedene Seiten hat.

- Auf der einen Seite steht die Inhaltsangabe: Was ist drin?
- Auf der andern Seite steht die Adresse des Empfängers: Was soll er damit tun?
- Auf der dritten Seite steht der Absender. Wie hat er sich hier dargestellt?
- Und schließlich viertens: Wie will der Sprecher die Beziehung gestalten? Hat er sein Päckchen in Zeitungspapier verpackt oder in Geschenkfolie, sendet er per Privatkurier oder mit Eilboten, oder lässt er eine 08/15-Drucksache los?

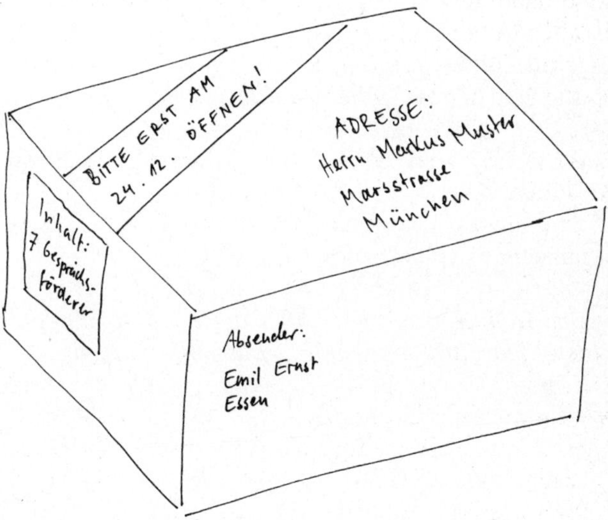

1. Reden und reden lassen

Reden allein macht den Partner nicht glücklich

Von Michael Ende gibt es ein Kinderbuch mit dem Titel „Momo". Darin beschreibt er ein kleines Mädchen mit einer ungewöhnlichen Eigenschaft:

„So wie man sagt: „Alles Gute" oder „gesegnete Mahlzeit!" oder „weiß der liebe Himmel", genauso sagte man also bei allen möglichen Gelegenheiten: „Geh doch zu Momo!"

Aber warum? War Momo vielleicht so unglaublich klug, dass sie jedem Menschen einen guten Rat geben konnte? Fand sie immer die richtigen Worte, wenn jemand Trost brauchte? Konnte sie weise und gerechte Urteile fällen?

Nein, das alles konnte Momo ebensowenig wie jedes andere Kind. Konnte Momo dann vielleicht irgendetwas, das die Leute in gute Laune versetzte? Konnte sie zum Beispiel besonders schön singen? Oder konnte sie irgendein Instrument spielen? Oder konnte sie – weil sie doch in einer Art Zirkus wohnte – am Ende gar tanzen oder akrobatische Kunststücke vorführen?

Nein, das war es auch nicht.

Konnte sie vielleicht zaubern? Wusste sie irgendeinen geheimnisvollen Spruch, mit dem man alle Sorgen und Nöte vertreiben konnte? Konnte sie aus der Hand lesen oder sonstwie die Zukunft voraussagen?

Nichts von alledem.

Was Momo konnte, wie kein anderer, das war: ZUHÖREN. Das ist doch nichts Besonderes, wird nun vielleicht mancher Leser sagen, zuhören kann doch jeder. Aber das ist ein Irrtum. Wirklich zuhören können nur ganz wenige Menschen. Und so wie Momo sich aufs Zuhören verstand, war es ganz und gar einmalig.

Momo konnte so zuhören, dass dummen Leuten plötzlich sehr gescheite Gedanken kamen. Nicht etwa, weil sie etwas sagte oder fragte, was den anderen auf solche Gedanken brachte, nein, sie saß nur da und hörte einfach zu, mit aller Aufmerksamkeit und aller Anteilnahme. Dabei schaute sie den anderen mit ihren großen, dunklen Augen an, und der Betreffende fühlte, wie in ihm auf einmal Gedanken auftauchten, von denen er nie geahnt hatte, dass sie in ihm steckten.

Sie konnte so zuhören, dass ratlose oder unentschlossene Leute auf einmal ganz genau wussten, was sie wollten. Oder, dass Schüchterne sich plötzlich frei und mutig fühlten. Oder, dass Unglückliche und Bedrückte zuversichtlich und froh wurden. Und wenn jemand meinte, sein Leben sei ganz verfehlt und bedeutungslos und er selbst nur irgendeiner unter Millionen, einer, auf den es überhaupt nicht ankommt ...– und er ging hin und erzählte alles das der kleinen Momo, dann wurde ihm, noch während er redete, auf geheimnisvolle Weise klar, dass er sich gründlich irrte, dass es ihn, genauso wie er war, unter allen Menschen nur ein einziges Mal gab und dass er deshalb auf seine besondere Weise für die Welt wichtig war.

So konnte Momo zuhören![4]“

Die Kunst des Zuhörens

Wie entsteht überhaupt ein Gespräch? Natürlich gehört dazu einer, der redet. Aber eine Rede ist eben eine Rede – vielleicht

[4] Aus Michael Ende: Momo, Stuttgart 1973, S. 1–16

eine gute Rede, vielleicht auch nicht; aber erst einmal ein Monolog. Zu einem Gespräch gehört unbedingt ein Partner – sonst bleibt es ein Monolog und wird kein Dialog. Der Erfolg eines Gesprächs hängt davon ab, ob das Gesagte auch Gehör findet. Meinungen können nur ausgetauscht werden, wenn sie auch gehört werden – sonst kommen sie beim anderen nicht an.

Zum ersten, was Sie als guter Gesprächspartner verlernen sollten, gehört auch das Reden, bevor Sie gehört und verstanden haben, was der andere sagt.

Für ein Gespräch reicht es nicht aus, wenn beide reden. Es ist dazu auch noch notwendig, dass beide einander zuhören. Deshalb ist Zuhören einer der wesentlichen Schlüssel für erfolgreiche Gesprächsführung. Die Macht guten Zuhörens, die Michael Ende beschreibt, besteht darin, den Partner seine Gedanken und Gefühle frei entwickeln zu lassen. Dadurch kann er seine Meinung weiter bilden, während er darüber redet. Der Meinungsaustausch erhält dann ein ganz anderes Niveau. Leider scheint die Erfahrung Michael Ende recht zu geben: „Wirklich zuhören können ganz wenige Menschen."

„Zuhören" ist ein Tätigkeitswort. Und wirklich: Zuhören ist eine Tätigkeit, manchmal sogar eine anstrengende Arbeit (Versuchen Sie mal, einem anspruchsvollen Vortrag drei Stunden lang zuzuhören!). Andererseits: Zuhören ist auch nicht anstrengender als Weghören, auf jeden Fall ist es weniger anstrengend als Dazwischenreden oder gar Gegenargumentieren! Und die Wirkung ist enorm: Wenn Sie jemandem zuhören, wird er eher und leichter weiterreden. Sie verbessern das Gesprächsklima. Und – ob Sie wollen oder nicht – Sie werden beliebt, zumindest als Gesprächspartner. Wenn Sie die Wirkung von gutem Zuhören einmal am lebendigen Beispiel erlebt haben, wird es Ihnen lange im Gedächtnis bleiben.

Wie merkt Ihr Partner überhaupt, ob Sie zuhören?

Damit die positive Wirkung des Zuhörens bei Ihrem Partner ankommt, ist es hilfreich, wenn er auch merkt, dass Sie zuhören. Das einfachste Zeichen dafür ist – Schweigen. Denn wenn Sie selber reden, woher soll dann Ihr Partner wissen, dass Sie eigentlich zuhören wollen? Aber reicht das schon aus? Vielleicht kennen Sie das: Sie erzählen angeregt, und Ihr Partner sitzt ganz still, und auf einmal hat er die Augen geschlossen, und am Ende wissen Sie nicht, ob er noch zuhört oder schon träumt. Weitere Möglichkeiten, Zuhören wirkungsvoll zu verstecken, sind aus dem Fenster schauen, in Unterlagen kramen und ähnliche Manöver.

Wenn Sie also Partnerbeiträge mit Zuhören fördern wollen, dann lassen Sie den Partner reden, und lassen Sie ihn auch merken, dass Sie zuhören. Dafür gibt es verschiedene Stufen mit steigender Wirksamkeit – vom einfachen Signal, dass Sie den anderen reden lassen, bis zur Überprüfung, ob Sie auch alles verstanden haben.

Die erste Stufe: Schauen Sie hin, hören Sie zu!

Sie unterbrechen nicht, also schweigen. Und wie merkt der Partner. dass Sie ihm zuhören? Sie wenden sich ihm zu und schauen ihn interessiert an. Damit haben Sie die einfachste Stufe des Zuhörens schon erreicht. Dabei kommt es auf den Blickkontakt an und auf die so genannte „Nabel-Nasen-Linie" – also nicht über die Schulter oder schräg schauen, das macht so einen schrägen Eindruck! Und Blickkontakt heißt Blickkontakt, weil er Kontakt schafft. Es geht hier also nicht um Anstarren um jeden Preis, und es geht schon gar nicht um einen Wettbewerb, wer das Anstarren länger durchhält. Es geht darum, während Ihres Schweigens klar zu signalisieren, dass Sie zuhören und dass Ihr Partner ruhig weiter sprechen soll. So geben Sie ihm die Möglichkeit zu reden. Alleine diese Art des Zuhörens, wie Michael Ende sie in „Momo" beschreibt, bewirkt manchmal kleine Wunder. Sie merken schon, Zuhören ist ganz und gar keine passive Sache, sondern ein aktiver Prozess.

Die nächste Art des Zuhörens ist noch ein wenig aktiver.

Die zweite Stufe: Sie „quittieren" (bestätigen), dass der Partner etwas sagt.

Das kann ein interessiertes „Aha"! sein, ein „soziales Geräusch" wie „*Mhm*" oder einfach eine aufmunternde Geste, oder Nicken. Auch das „Haltungsecho", das Eingehen auf die Körpersprache des Partners, gehört hierher: Wir mögen Menschen, die uns ähnlich sind – auch in der Haltung und Gestik. Das „Quittieren" bestätigt den Partner darin, etwas zu sagen. Er merkt, dass seine Worte ankommen und gehört werden.

Das bestärkt ihn darin, weiter zu sprechen und mehr zu sagen.

Die dritte Stufe: Das „Nachfragen".

Wenn Sie ein Wort nicht verstanden haben oder beim besten Willen nicht genau wissen, was der Partner meint, können Sie auch nachfragen. Solange Sie keine eigenen Gedanken einbringen und reine Verständnisfragen stellen, kann man das ruhig zum aktiven Zuhören zählen. Nachfragen zeigt Interesse. Aber Vorsicht: Keine Fang-Fragen, nicht ausfragen! Das wäre ja ein Gesprächsstörer. Und nicht verwechseln mit der systematischen Fragetechnik zur Gesprächsführung: Das kommt erst im nächsten Kapitel. – Wir sind noch beim Zuhören! Beschränken Sie Nachfragen auf angemessenen Gebrauch in wichtigen Situationen. Was wäre so eine wichtige Situation?

Wenn Sie z. B. einen Begriff, den der Sprecher verwendet, besser verstehen oder auf das gemeinsame Verständnis hin prüfen wollen; also wenn Sie nichts Neues wissen wollen, sondern sich nur vergewissern, ob Sie das Gesagte richtig aufnehmen, dann gehört „Nachfragen" zum Zuhören:

„Was verstehst du unter wesentlich?"

Mit Nachfragen bekunden Sie Ihr Interesse für das, was der Partner gesagt hat und noch sagen will. Er kann sein Thema weiter verfolgen, in seinen Aussagen konkreter und verständlicher werden. Solange Sie nur mit Verständnisfragen arbeiten, bringen Sie kein eigenes Gedankengut ein – Sie bleiben beim aktiven Zuhören.

Die vierte Stufe des aktiven Zuhörens ist das Verbalisieren: Wiederholen Sie in Ihren eigenen Worten, was Sie verstanden haben.

Um sicherzugehen, was der Gesprächspartner gesagt hat, können wir uns einer Technik bedienen, die im Funkverkehr die Richtigkeit von Nachrichten garantiert: Der Empfänger wiederholt, was er verstanden hat. Das ist die einfachste Möglichkeit für den Sprecher, zu hören, was wirklich beim anderen angekommen ist. Wenn Sie diese Stufe anwenden, dann wiederholen Sie aber bitte nicht wörtlich. Das beweist höchstens, dass Sie ein „Tonbandgedächtnis" haben. Wiederholen Sie sinngemäß, in Ihren eigenen Worten! Mit diesem Verbalisieren, also in eigene Worte fassen, beginnt die hohe Schule des aktiven Zuhörens. Hier geht es darum, dem Sprecher zu signalisieren, dass Sie verstehen was er sagt.

Aber in einem Gespräch geht es nicht nur um Verständigung, sondern auch um Verständnis. Und dafür eignet sich das Verbalisieren ganz besonders. Sie können nicht nur wiederholen, was Sie an inhaltlicher Aussage gehört haben, sondern auch, was Sie glauben, wie es der Sprecher gemeint hat. Vielleicht werden die verschiedenen Möglichkeiten des Verbalisierens an einigen Beispielen eher deutlich.

Die einfachste Form ist die sinngemäße Wiederholung des Verstandenen in eigenen Worten:

„Ich sage einfach, was ich gehört habe."

Eine speziellere Form des Verbalisierens ist das „Klären"

oder „Umschreiben“ Ich kann mich damit vergewissern, ob ich das Gehörte so aufnehme, wie es gemeint ist: *„Wenn ich dich richtig verstehe, geht es dir darum, dass ich wiederholen kann, was du eigentlic meinst.“*

Natürlich ist es unsinnig, in einem Gespräch alle Partnerbeiträge zu wiederholen. Ab einer bestimmten Informationsmenge ist das alleine schon vom Gedächtnis her gar nicht zu leisten. Aber wir wollen doch wissen, ob Sie das Wesentliche richtig mitbekommen haben. Hier können Sie eine besondere Form einsetzen: Für längere Partnerbeiträge hilft das Zusammenfassen. Zum Verbalisieren gehören also: Die sinngemäße Wiederholung, das Zurückspiegeln der Meinung des Partners und das Zusammenfassen!

Die fünfte Stufe des aktiven Zuhörens ist das Ansprechen des implizit Gesagten.

Um das Gespräch zu vertiefen und zu intensivieren, können Sie auch das verbalisieren, was Ihr Partner noch gar nicht ausdrücklich gesagt hat, also das, was gewissermaßen zwischen den Zeilen steht. Damit können Sie auch die Aspekte der Aussage klären, die für Sie noch nicht deutlich genug sind. Eine Besonderheit ist dabei das Ansprechen der Gefühle. Sie gehen damit auf seine Selbstoffenbarung ein. So zeigen Sie, dass Sie nicht nur verstehen, was der Partner sagt, sondern dass Sie vor allem verstehen, wie es ihm dabei geht: *„Sie fühlen sich also wohler, wenn gerade auch die emotionale Seite im Gespräch ernst genommen wird.“*

Vielleicht geht Ihnen dieser letzte Gedanke im Moment zu weit. In der Tat setzt diese Form des „Zuhörens“ schon eine gute Beziehung zum Partner, ein angemessenes Gesprächsklima und einige Übung voraus. Andererseits kann man mit diesem intensiven Zuhören allein eine besondere Gesprächsatmosphäre schaffen und eine besonders intensive Beziehung zum Partner gestalten. Es gibt wenige Techniken, die auf diesem

Gebiet so unmittelbar und effektiv wirken. Ein einfacher Satz wie *„Das klingt, als wenn du dir ernste Sorgen darum machst..."* reicht dann manchmal als Einstieg in ein langes und ernsthaftes Problemlösungsgespräch. Viele Berater sind für diese Form der Gesprächsführung eigens ausgebildet.

Jetzt haben Sie den ersten Gesprächsförderer kennengelernt:

Das erste,
was Sie als guter Gesprächspartner
lernen sollten,
ist *aktives Zuhören.*

Im Einführungskapitel war die Frage offen geblieben, wie wir den wesentlichen Aspekt bei der Botschaft unseres Partners heraushören können. Wir wissen bereits, dass es sich lohnt, immer auf alle vier Aspekte zu achten. Mit konzentriertem Zuhören können wir uns eine Meinung bilden, welcher Aspekt davon dem Partner im Augenblick der wichtigste war. Das bleibt eine Interpretation. Mit dem Konzept des aktiven Zuhörens können wir einen wesentliche Schritt weiter gehen: Wir können überprüfen, ob wir den wesentlichen Aspekt richtig verstanden haben. Dann erhalten wir Gewissheit. Gehen wir noch einmal zurück in das Beispiel unseres Autofahrers und seines Beifahrers. Auf die Bemerkung „Da vorn ist Grün" könnte der Fahrer durch aktives Zuhören die wesentliche Botschaft herausfinden:

Sie könnten dazu die Stufe drei des Zuhörens, das Nachfragen, wählen.

„Hast du es eilig?"	fragt nach der Selbstdarstellung.
„Soll ich schneller fahren?"	prüft den Appell.
„Meinst du die Ampel?"	klärt den sachlichen Inhalt.
„Hilfst du ein bisschen mit?"	hilft der Beziehungsdefinition auf die Sprünge.

Klärung wäre auch durch Verbalisieren möglich, Stufe vier: *„Ah, du hast es eilig."*

„Hmt, ich könnte wirklich schneller fahren"
„Die Ampel ist wirklich grün"
„Danke für die Hilfe!"

Schauen Sie sich nun an, wie unser Beispiel von Anna und ihrer Schwester mit aktivem Zuhören sich hätte entwickeln können. Wenn Sie mögen, können Sie in einer kleinen Übung überprüfen, wie gut Sie sich die fünf Zuhörstufen gemerkt haben. Markieren Sie am rechten Rand, welche Zuhörstufe die Schwester benutzt hat, um das Gespräch zu fördern[5].

A: So, das war's für heute! Den Michael ruf ich morgen an.
B: Welchen Michael meinst du??
A: Den Bruder von Bernd.
B: Ah ja.
A: Weißt du – da will ich lieber in der richtigen Laune sein.
B: Mhm, dann fühlst du dich sicherer.
A: Genau. – Wenn ich bloß wüsste, warum ich mir gerade bei dem so viel' Gedanken mache!
B: Bei dem tust du dich schwerer als bei anderen?
A: Ja, schon. Dabei kenn' ich doch auch andere Jungs, aber bei denen klappt es leichter.
B: Hm.
A: Ich weiß nicht ...
B: Ich frag mich, was bei dem Michael das Besondere ist.
A: Ja, eben. Da wird mir gerade klar – ich weiß es gar nicht. Ich hab zwar immer dieses komische Gefühl gehabt, aber noch nie ernsthaft drüber nachgedacht.
B: Du meinst, das ist das erste Mal, dass du dich ernsthaft damit auseinander setzt?
A: Ja, schon. – (Pause) Irgendwie liegt es an seiner Art, so zu schauen, als ob er einen testet.
B: So wie eine Art Prüfung?
A: Ja, genau so. In der Schule hab ich Prüfungen schon nicht ausstehen können!

[5] Die Auflösung steht auf der Seite.156 – aber bitte erst dann nachschauen, wenn Sie die Übung bereits ausgefüllt haben, sonst macht es keinen Spaß mehr.

B: Bei ihm kommst du dir ein bisschen vor wie in der Schule?
A: Na ja – eigentlich ist es ja wirklich was anderes.
B: Aha.
A: Meinst du nicht?
B: Doch, klar. Mein' ich auch.
A: Eben. Das ist doch ein Junge wie andere, auch wenn er mir gefällt. Vielleicht sollte ich einfach mutiger rangehen.
B: Das klingt schon tapferer.
A: Ja klar. Und ich überleg mir schon mal, was ich sage.
B: Du weißt jetzt, wie du es anfangen willst? Na also!
A: Ja genau. Siehste, hat sich gelohnt, mal darüber zu reden.

Jetzt haben Sie verschiedene Möglichkeiten kennen gelernt, wie Sie durch aktives Zuhören ein Gespräch fördern können. Damit es in der Praxis auch gut klappt, noch drei wichtige Tipps.

Tipp Nummer eins: Üben Sie!
Wissen ist gut, Können ist besser. Das aktive Zuhören bringt eine besondere Qualität in Ihre Gespräche. Sie werden ein wenig Zeit brauchen, bis Sie es – vor allem in den oberen Stufen – sicher beherrschen. Deshalb: Üben Sie! Und damit zunächst mal das Üben gut klappt, hier noch die beiden anderen Tipps zu den beiden wesentlichen Faktoren:

Tipp Nummer zwei: Üben Sie mit den richtigen Partnern!
Solange Sie üben, kann es durchaus sein, dass Ihnen der eine oder andere Versuch noch nicht so gut gelingt. Das würde besonders den Leuten auffallen, die Sie gut kennen: Ihre Lebenspartner, Ihre Eltern, Ihr Chef, Ihre Kolleginnen und Kollegen. Sie würden sich unter Umständen daran stören und verwirrt oder sonstwie unvorhersehbar reagieren. Sie sollten deshalb als Übungspartner verschont werden. Die Kinder sind von dieser Regel auszunehmen. Sie bemerken zwar auch den Unterschied, sind aber in Ihren Reaktionen meist viel aufgeschlossener. Und Sie trauen sich normalerweise, die Veränderung ganz offen anzusprechen. *„Papa, du hast jetzt immer nur Mhm gesagt. Was meinst du denn eigentlich dazu?“*

Die einfachsten Partner zum Üben sind Gesprächspartner, die Sie noch nicht so gut kennen und zu denen Sie auch keine wichtige Beziehung haben. Leute, die Sie im Zug oder in der U-Bahn treffen. Unbekannte, mit denen Sie „small talk" pflegen. Kellner, Verkäufer, Schalterbeamte. Es gibt ein recht sicheres Zeichen, ob Ihnen das Üben gelingt oder nicht. Wenn der Partner Sie irritiert anschaut, sollten Sie mit jemand anderem weiter üben. Wenn der Partner lächelt, aber nichts zu merken scheint, ist die Übung gelungen, und Sie können gleich mit ihm weitermachen. Die aufwendigste, aber sicherste Methode, um geeignete Partner zu finden, heißt: „Suchen Sie welche"! Sie können Sie in Volkshochschulkursen und anderen Seminaren treffen. Sie können sich einem Diskussions-Stammtisch anschließen und in die Runde das Ziel einbringen, nicht nur für die Inhalte, sondern auch für die Gesprächskultur Ehrgeiz zu entwickeln. Sie können in den Kleinanzeigen inserieren und Gleichgesinnte werben. Oder Sie lassen sich etwas anderes einfallen. Wo ein Wille ist, ist auch ein Weg. Bei einem so wichtigen Ziel ist fast jeder Umweg sinnvoll; Hauptsache, er bringt Sie weiter.

Tipp Nummer drei:
Üben Sie die richtige Stufe zur richtigen Zeit!

Für die **Stufe eins** ist es eigentlich ganz einfach: das können Sie jederzeit mit jedermann (und jederfrau) üben. Die meisten Menschen sind froh, wenn Ihnen jemand zuhört, und erkennen das „automatisch", das heißt, ohne darüber nachzudenken, an Ihrer Zuwendung. Der einzige eventuell kritische Punkt ist der Blickkontakt. Wie schon gesagt: Blickkontakt heißt Blickkontakt, weil er mit Blicken Kontakt schafft. Wenn Sie mehr Kontakt anbieten als es Ihrem Redner lieb ist, wird er unter Umständen unsicher reagieren. Das gilt besonders, wenn Sie Blickkontakt als „anstarren" missverstehen. Blickkontakt tut am wohlsten, wenn Sie etwa ebenso viel Blickkontakt liefern, wie auch Ihr Gesprächspartner anbietet. Mehr darüber finden Sie auch in Kapitel sechs. Ansonsten ist das Üben der Stufe 1 für Ihre Partner unproblematisch.

Das heißt aber nicht, dass diese Übung Ihnen auf Anhieb leicht fallen wird. Manch einer muss dabei auf liebgewonnene Gewohnheiten verzichten: Aufschauen, wenn ich beim Lesen meiner Zeitungsseite gefragt werde; oder mich umdrehen, wenn mich jemand von hinten anspricht. Vielleicht ist es ja sogar etwas Neues, dass ich beim Zuhören Blickkontakt halte. Machen Sie sich nichts daraus, nichts ist störender als eine alte Gewohnheit. Mit der Zeit werden Sie schnell die Verbesserungen bei sich merken. Machen Sie sich aber keine übertriebenen Hoffnungen: Mit dieser Stufe allein sind Auswirkungen auf die Partner eher weniger auffällig; die Wirkung bleibt meist unbewusst, so eine Reaktion entspricht ja doch dem, was man erwarten kann. Und nicht jeder kann es auf Anhieb so gut wie MOMO. Eine merkliche Wirkung könnten Sie sicher dann erzielen, wenn Sie unerwarteterweise völlig mit diesem Zuhörverhalten aufhören – allerdings dann in die völlig entgegengesetzte Richtung!

Die **Stufe zwei** ist auch sehr schön zu üben, wenn Sie damit nicht übertreiben. Manchen geschulten Gesprächsprofis sagt man nach, dass sie beim Zuhören ununterbrochen nicken und „soziale Geräusche" von sich geben. Wenn es so stark auffällt, dass Sie darauf angesprochen werden, haben Sie übertrieben. Machen Sie sich nichts daraus: Sie üben ja noch. Wenn Sie Lust haben, können Sie Ihrem Gesprächsparter ja auch erklären: „Ich hab neulich mal gelesen, dass diese Kurzbeiträge angeblich das Gespräch flüssiger machen sollen. Ich wollte einfach mal ausprobieren, ob das wirklich stimmt. Entschuldige bitte, wenn es Dich gestört hat, ich hör jetzt auf damit."

Ein wenig Sorgfalt sollten sie darauf verwenden, wenn Sie mit Bestätigungen arbeiten. Hier kann die Frage der rechten Zeit ganz wichtig werden. Bestätigungen wie „Ja", „Gut", oder sogar „Toll", „Prima" sind prima geeignet, wenn sie den Partner in seinem Gesprächsfluss unterstützen und ihm dabei auch noch inhaltlich Recht geben wollen. Wenn das der Fall ist, machen Sie nach Herzenslust ausgiebigen Gebrauch davon. Oft werden Sie aber den Gesprächsfluss am Laufen halten wollen, obwohl Sie inhaltlich anderer Meinung sind. Wenn Sie dann vorher zu oft „falsch", das heißt entgegen Ihrer Meinung mit Bestätigungen quittiert haben, wird der Partner ziemlich irritiert, sobald Sie später mit Ihrer wahren Meinung herausrücken. Deshalb achten Sie darauf, dass Sie mit „Ja" oder „Gut" nur dann bestätigen, wenn Sie wirklich der gleichen Meinung sind! Stellen Sie sich vor, Sie reklamieren einen kaputten Staubsauger, und der Servicemann sagt „Gut!" Was würden Sie denn davon halten? In solchen Fallen sagen Sie lieber „Aha" oder „So siehst du das also!", oder Sie beziehen Ihr Lob ausdrücklich nur auf den Gesprächsprozess und nicht auf den Inhalt: „Gut, dass du das jetzt mal so klar formuliert hast"...

Streng genommen geht das Bestätigen schon über das aktive Zuhören hinaus. Da Sie Ihrem Partner inhaltlich Recht geben, sagen Sie ja schon Ihre eigene Meinung zu seinem Beitrag. Genau das aber ist nicht mehr zuhören, sondern eindeutig schon selbst reden. Wir wollen diese Feinheiten hier aber nicht auf die Goldwaage legen. In vielen Fällen ist gerade die Bestätigung als Gesprächsförderer sehr nützlich. Deshalb lassen wir sie, mit diesem Hinweis versehen, durchaus gelten.

Die **Stufe drei** ist im Moment noch etwas einfacher. Da Fragen ohnehin in der Regel gute Gesprächsförderer sind (siehe Kapitel zwei), können Sie dabei gerne etwas über das Ziel hinausschießen. Wenn Sie das nächste Kapitel durchgearbeitet haben, können Sie den Unterschied zwischen den „Zuhör"- oder „Verständnisfragen" und anderen Frageformen noch besser erkennen und einsetzen.

Mit der **Stufe vier**, dem Verbalisieren, wird es jetzt richtig ernst. Wie bei jeder Medizin ist die wirksamere auch mit mehr Vorsicht zu genießen: Es ist alles eine Frage der Dosis. Stellen sie sich vor, kurz vor dem Bahnhof kommt ein Passant im Laufschritt auf Sie zu, stoppt kurz und fragt Sie, wie spät es sei. Was glauben Sie wohl, was passiert, wenn Sie jetzt verbalisieren: *„Gehe ich wohl recht in der Annahme, dass Sie mit die-*

ser Frage meinen, dass Sie gerne die genaue Uhrzeit nach MEZ wissen möchten, und mich damit darum gebeten haben, Ihnen diese auch zu sagen?"

Fangen wir also mit der Warnung an, wann Sie das Verbalisieren bitte **nicht** einsetzen und auch **nicht** üben sollten:

- **Nicht** bei klaren Informationsfragen: Hier setzt Ihr Partner das Zuhören voraus und will direkt eine Antwort.

  Wenn Sie dennoch Klärungsbedarf vermuten, können Sie den auch nachschieben. *„Meine Uhr zeigt kurz nach halb vier, ich weiß aber nicht, wie genau sie geht – reicht Ihnen das?"* bringt in den meisten Fällen freundlichere Reaktionen als die beschriebene Verbalisierung.

- Nicht, wenn Ihnen nichts besseres einfällt als eine wörtliche Wiederholung.

  Diese Form, die auch manchmal zum Spiegeln gerechnet wird, erinnert bei der Anwendung in einer normalen Unterhaltung fatal an die Sprechleistung eines Papageis. Erinnern wir uns: Beim Verbalisieren geht das darum, dass der Partner erkennen kann, ob bei Ihnen angekommen ist, was er gemeint hat. Wenn Sie wörtlich wiederholen, kann er nur erkennen, dass seine Worte angekommen sind – es ist also eher ein Test der Akustik als der Kommunikation. Das mag in Ausnahmefällen, wie im Funkverkehr zwischen Pilot und Tower oder beim Bedienen extrem lärmender Maschinen, auch durchaus sinnvoll sein – aber Hand auf's Herz: Wie oft wollen Sie sich in solchen Situationen unterhalten?

Wenn der Partner sich bewusst nicht festlegen will und deshalb auch nicht „festgenagelt" werden möchte. *„Also – so Viertel nach fünf." – „Also genau siebzehn Uhr fünfzehn!"* Klingt das in Ihren Ohren etwa nach überzeugendem Einverständnis? Das Verbalisieren des „Nicht-Festlegens" wäre wohl besser, will aber auch gekonnt sein: *„Du willst dich aber nicht festlegen?"* kann ein klärendes *„Na ja – vielleicht auch fünf oder zehn Minuten später"* ebenso zur Folge haben wie ein entrüstetes *„Wie kommst du denn darauf? Ich habe doch gerade ei-*

nen Zeitpunkt vorgeschlagen, oder etwa nicht ?!?“ Vielleicht wäre die Formulierung „*Also nach fünf – etwa ein Viertelstunde danach oder so, ja?*“ auch günstiger. – Aber hier gibt es keine Patentrezepte, und außerdem macht der Ton die Musik.

Für das Üben von **Stufe fünf**, dem Verbalisieren der wahrgenommenen Gefühle als Oberstufe des aktiven Zuhörens, gelten wie schon gesagt drei Bedingungen: eine gute Beziehung, ein angemessenes Gesprächsklima und eine gewisse Übung.

1. Die gute Beziehung ist am ehesten dann gegeben, wenn der Gesprächspartner bei Ihnen Rat sucht. Für solche Beratungsgespräche ist dieser Stil entwickelt worden. Lassen Sie es also in gespannten Situationen zunächst erst mal sein. (Dass Sie bei genügender Übung gerade dann damit arbeiten können, steht auf einem anderen Blatt.)

2. Das Klima ist dann angemessen, wenn es sich um ein persönliches Gespräch handelt – mit genügend Zeit, an einem eher abgeschirmten Ort, ohne weitere Zuhörer. Wenn Sie also üben wollen, fangen Sie nicht gerade in einer sachlichen Debatte mit Ihrem Chef während der Wochenkonferenz mit 17 Kolleginnen und Kollegen damit an. Oder zwischen Tür und Angel, wenn weder der Partner noch Sie selber Zeit genug haben, ein wirklich ernsthaftes Gespräch zu führen.

3. Genügend Übung haben Sie vermutlich dann gesammelt, wenn Ihnen das Verbalisieren in Stufe vier mittlerweile gut gelingt und sogar leicht fällt. Dann können Sie in den passenden Situationen mit den richtigen Gesprächspartnern damit anfangen – also nicht gerade mit dem Chef, sondern mit einem vertrauten Kollegen oder einem guten Freund. Und wenn die Botschaft kommt, seine Gefühle gingen Sie gar nichts an, dann entschuldigen Sie sich und hören Sie mit dem Üben auf. Später, wenn Sie sicher sind, dass Sie auch das Verbalisieren von Gefühlen gut beherrschen, können Sie durchaus auch auf ein solches Angebot antworten, z. B.: „*Das möchtest du also lieber für dich behalten.*“

Das Üben hat sich gelohnt, wenn Sie alle höheren Formen des aktiven Zuhörens dann nutzen können, wenn Sie sie wirklich benutzen sollten:

- Wenn Sie ein persönliches Gespräch vertiefen wollen
- Wenn Sie den Kontakt zum Partner stärken wollen
- In wichtigen Situationen, die zu Entscheidungen führen. Entscheidungen werden auch auf Grund der vorliegenden Informationen getroffen, und wenn diese falsch angekommen sind, werden die Entscheidungen falsch (siehe Pilot und Tower).
- Wenn ein schwerwiegendes Missverständnis droht und Sie sowieso den Eindruck haben, dass Sie irgendwie aneinander vorbei reden. Mit richtigem Verbalisieren können Sie echtes Verständnis erreichen.

Halten wir fest: *Aktives Zuhören* ist eine Schlüsselqualifikation, um aus einem Gespräch ein gutes Gespräch zu machen. Es hilft, aus dem Monolog in den Dialog zu kommen. Es fördert nicht nur die Verständigung, sondern auch das Verstehen und damit das Verständnis. Es hilft, den wesentlichen Aspekt in der Botschaft des Partners zu erkennen und festzumachen.

FAZIT: GUT ZUHÖREN HEISST AKTIV ZUHÖREN!

STUFE 1:	Zuhören statt Weghören und -sehen: Blickkontakt, Zuwendung, Schweigen.
STUFE 2:	Quittieren, bestätigen, dass der Partner redet: „Aha", „Mhm", Nicken, Haltungsecho, usw.
STUFE 3:	Nachfragen: direkt oder indirekt, allgemein oder speziell.
STUFE 4:	Wiederholen, WAS der Partner gesagt hat: Verbalisieren, Umschreiben, Klären, Zusammenfassen.
STUFE 5:	Ansprechen der impliziten Aspekte und Gefühle: Verständnis, WIE es dem Partner geht.

2. Fragen über Fragen

Wer nicht fragt bleibt dumm

Übung
Denken Sie an Ihr letztes wichtiges Gespräch und notieren Sie dazu:

Wer war bei dem Gespräch dabei?
Wo fand es statt?
Wann fand es statt,
wie lange hat es gedauert?
Was war das Thema?
Wie ist es verlaufen,
wie ist es ausgegangen?

Auswertung:
Wie ist es Ihnen mit dieser kleinen Übung ergangen?

Haben Sie an die Gesprächsteilnehmer nur gedacht, oder haben Sie einige vor Ihrem inneren Auge wiedergesehen?

Haben Sie Stimmen und wesentliche Beiträge in Ihrem inneren Ohr wieder gehört?

Mit welchem Gefühl haben Sie an das Gespräch zurückgedacht?

Vom Zuhören zum Gespräch

Mit gutem Zuhören, wie Sie es im ersten Kapitel kennengelernt haben, wird ein Gespräch noch wesentlich besser. Aber wenn Sie wirklich nur zuhören, dürfte es auf Dauer recht einseitig bleiben. Deshalb ist „Gesprächsführung durch Zuhören" auch am besten in einer einseitigen Situation anzuwenden. Solche Situationen sind gegeben, wenn der Gesprächspartner sich einmal richtig aussprechen will oder ein Problem loswerden oder einfach einmal sein Herz ausschütten. Bei solchen Gelegenheiten würde es für ihn keinerlei Hilfe darstellen, wenn Sie Ihre eigene Meinung dagegenstellen. Auch für Sie wäre es vergebene Liebesmühe, Ihre Meinung in ein solches Gespräch einzubringen, wenn der Partner nicht ausdrücklich danach fragt. Denn in einer solchen Situation ist er höchstwahrscheinlich gar nicht in der Lage, dass er Ihnen zuhören kann – Sie wissen ja, Zuhören auf hohem Niveau ist eine durchaus anspruchsvolle Aufgabe, und wer selbst in einem Problem steckt, der tut sich mit aufmerksamem Zuhören schwer.

Wenn Sie den Standpunkt des Partners einmal ausführlich kennenlernen wollen, werden Sie ihm auch gut zuhören. Und wenn er nur wenig sagt und es gar nicht so viel zu hören gibt? Dann wäre zwar Zuhören auch gut, aber Sie können doch erst dann damit anfangen, wenn er auch etwas sagt. Und in anderen Situationen haben Sie durchaus auch einmal ein Eigeninteresse, das Sie in das Gespräch einbringen möchten. Und das ist etwas anderes als das, was wir unter Zuhören besprochen haben. Das gilt zum Beispiel dann, wenn Sie von dem Partner Informationen erhalten wollen, die Sie brauchen. Dann werden Sie sich nicht davon abhängig machen, ob er Ihnen das nun zufällig erzählt oder nicht. Sie werden Ihn danach fragen.

Wer fragt, der führt

Wer fragt, führt – Und wer gut führt, dem wird der Gesprächspartner gerne folgen.

Durch Fragen können Sie sicherstellen, dass es auch etwas zu hören gibt. Denn wie soll der Partner wissen, dass Sie etwas wissen wollen, wenn Sie nicht danach fragen? „Wer fragt, ist dumm", sagt der Volksmund. „Wer nicht fragt, bleibt dumm", antwortet der gesunde Menschenverstand. Denn Fragen sind eines der besten Mittel für eine gelungene Gesprächsführung. Das kommt daher, weil Fragen zwei wesentliche Wirkungen haben: Einmal auf dem Appellohr, zum anderen für den Informationsaspekt.

Zum ersten haben Fragen einen starken, eindeutigen Appell: Der Partner möge diese Frage bitte beantworten. Und der Antwortimpuls, der damit erzeugt wird, ist in der Tat sehr stark. Ob Sie in der Einstiegsübung mit den Fragen zu Ihrem letzten wichtigen Gespräch nun lange oder kurz nachgedacht haben, ob Sie Ihre Antworten ausführlich, ganz knapp oder gar nicht aufgeschrieben haben – für die meisten von Ihnen dürften diese Fragen ausgereicht haben, die Situation eines Gespräches vor Ihrem inneren Auge wieder aufzubauen und nachzuerleben, die Beiträge zu erinnern und noch einmal mit dem inneren Ohr zu hören. Und diese Übung steht nur in einem Buch.

In einem tatsächlichen Zwiegespräch ist der Appell bei Fragen noch wesentlich stärker wirksam. Oder können Sie sich vorstellen, auf eine Frage einfach nicht zu antworten? Wohl nicht, und ich rate ihnen auch dringend ab, es irgendwann auszuprobieren. Sie werden höchstwahrscheinlich einen unhöflichen Eindruck hinterlassen. Und wenn Sie es sich doch vorstellen können, gehören Sie sicher zu den Ausnahmen. Schließlich haben wir alle von unseren Eltern gehört: „Gib Antwort, wenn Du etwas gefragt wirst!" Brav Antwort geben ist höflich. Wer nicht antwortet, ist unhöflich. Und wer gar Gegenfragen stellt, ist frech oder unverschämt. „Warum soll man auf eine Frage keine Gegenfrage stellen?" fragt der Vater mahnend Moritz. „Ja, warum denn eigentlich nicht?" antwortet verschmitzt der aufgeweckte Sohn.

Und in der Schule wurden wir alle systematisch zum Beantworten von Fragen erzogen. Der Lehrer fragt, die Schüler antworten. Diese Prägung hat nun wiederum zwei typische Auswirkungen. Zum einen sind wir gewöhnt: Wenn der Lehrer fragt, weiß er schon die richtige Antwort. Und wenn wir unsere Antwort dann geben, wird sie beurteilt: richtig oder falsch. Und wenn wir die richtige Antwort vorher nicht sicher wissen, ist die Angst vor Kritik als Gesprächsstörer wirksam. Zum anderen sind wir an eine noch fatalere Interpretation gewöhnt: Wenn wir keine Antwort geben, werden wir verurteilt. „Du weißt es wieder mal nicht, du bist dumm." Und das ist der Gesprächsstörer überhaupt: Angst vor persönlicher Blamage, vor dem Verlust des Gesichts, des Selbstwertgefühls. Vielleicht halten Sie diese Darstellung jetzt für übertrieben. In der Tat ist vielen Menschen die Tiefenwirkung einer solchen Kritik gar nicht mehr bewusst. Wir haben gelernt, damit umzugehen. Aber aus vielen Beratungen und Coachings ist nur zu bekannt, welche Spuren das in der Psyche hinterlässt. So kommt es, dass wir im Umkehrschluß meinen: Wer weiß, ist schlau. Wer nicht weiß und erst fragen muss, ist dumm. Das ist nicht logisch – der Lehrer weiß und darf trotzdem fragen – aber psychologisch dennoch wirksam.

Das zweite, was Sie als guter Gesprächspartner verlernen sollten, ist die Angst: Wer fragt, ist dumm.

Eine heilsame Therapie bietet die intensive Beschäftigung mit Befragungskünstlern. Zwei Klassiker finden Sie in Kriminalstories: Sherlock Holmes und Inspektor Colombo. Sherlock Holmes ist der Prototyp des systematischen Informationssammlers. Er trägt durch Fragen und minutiöse Beobachtung so viele einwandfreie Details zusammen, dass er am Ende die ganze Geschichte zu einer schlüssigen Theorie verbinden und lückenlos beweisen kann. Colombo dagegen ist der Meister der geschickten Steuerung. Er stellt sich gerne dumm, sagt, dass er noch gar nichts weiß und auch die Zusammenhänge überhaupt nicht versteht, lässt sich irgendetwas erzählen und wendet sich zum Gehen. Und dann dreht er sich unvermittelt noch einmal herum und stellt mit einer unsicheren Geste noch eine Frage: „Ach übrigens...“. In diesen Kriminalfilmen erhält er immer dann die Antwort, die ihn entscheidend weiterführt.

Ein gewisses Risiko beim Fragen wird auch durch diese beiden Befragungskünstler deutlich. Beide sind Kriminalisten, Detektive, die böse Menschen und Missetäter überführen wollen. Deshalb dürfen Sie auch andere Menschen ausfragen, ohne dass man es ihnen übel nimmt. Und in modernen Kriminalfilmen können Sie sich brutale Ausfragemanöver in allen Variationen anschauen: Mit blendendem Gegenlicht, mit verschiedenen

Gesprächspartnern, die sich abwechseln und immer dann, wenn der Verhörte das Ende herbeisehnt, mit frischen Kräften wieder einsteigen. Das sind natürlich keine Rahmenbedingungen, die eine professionelle Fragestrategie in ein günstiges Licht stellen. Und deshalb ist es wichtig, dass Ihre Fragen sich deutlich von einem solchen Ausfragen mit Fangfragen und ähnlichen Gemeinheiten unterscheiden. Der wesentliche Unterschied besteht in einem zentralen Punkt, der im Beziehungsaspekt zu finden ist: Sie können die Antworten wertschätzen. Während in einem Verhör die Antworten angezweifelt, auf ihre Glaubwürdigkeit hin untersucht und gegen den Sprecher gewendet werden („Wir klären Sie über Ihre Rechte auf: Alles, was Sie sagen, darf gegen Sie..."), geht es beim Einsatz von Fragen zur Verbesserung von Gesprächen darum, zusätzliche Steuerung und zusätzliche Information zu gewinnen.

Wer fragt, erhält Informationen

Wer fragt, der bekommt fast immer eine Antwort. Also fragen Sie!
Durch Fragen bekommen Sie Information.
Durch weiterführende Fragen bekommen Sie mehr Information.
Durch Nachfragen bekommen Sie genauere und gesicherte Information.

Diesen Informationsaspekt können Sie durch die geeigneten Fragen systematisch nutzen. Dabei kommt es darauf an, die richtigen Fragen im richtigen Moment einzusetzen. Wir gewinnen Information am einfachsten über direkte Beobachtung, über unmittelbares Wahrnehmen mit unseren fünf Sinnen: Über das, was wir hören, sehen, spüren, riechen und schmecken. Durch richtiges Fragen erweitern wir unsere Information dadurch, dass wir hören, was der Partner sagt. Wir gewinnen dadurch auch Informationen, und zwar über das, was er sieht, hört, spürt – vorausgesetzt, er sagt es so, wie er es sieht, hört und spürt. Denn er muss uns seine Wahrnehmung ja erst in Sprache übersetzen, damit er sie uns mitteilen kann.

Die klassischen W-Fragen
wer – was – wie – wo – wann

geben Auskunft darüber, welche direkten Beobachtungen unser Partner gerade macht. Auf diese Fragen bekommen Sie also Auskunft über Fakten, über Tatsachen. Wenn Sie sich überzeugen wollen, werden Sie die gleichen Dinge wahrnehmen.

Ein wenig anders, aber ganz ähnlich ist es, wenn Ihr Partner keine Dinge berichtet, die er aktuell beobachtet, sondern solche, die er beobachtet hat und nun erinnert. Wieder liefern die fünf „W-Fragen" beobachtete Daten. Sie können Sie jetzt zwar nicht mehr direkt überprüfen, aber Ergänzungsfragen wie „Woran hast du erkannt...?", „An was erinnerst du dich noch genau...?" sind durchaus geeignet, die Realitätsdichte – das ist ein Fachwort dafür – der Erinnerung des Partners genauer einschätzen zu können. Die Fragen „Woran merkst du...?" oder „Woher weißt du genau..." überprüfen direkt die Wahrnehmung und die Erinnerung des Partners. Wenn die Antworten plausibel sind, können wir die Aussage für zutreffend halten. Die Daten sind zwar nicht mehr direkt beobachtbar, sie sind aber über eine einfache innere Verarbeitung des Partners, durch sein Gedächtnis, und seine Aussage darüber zu erhalten.

Warum ist die Frage warum nicht so gut, wie sie scheint?

Ganz anders wird die Sache, wenn die innere Verarbeitung des Partners nicht nur in seinem Gedächtnis, sondern in einer komplexen Meinungsbildung besteht. Und das geschieht sofort, wenn Sie mit der beliebten Frage „Warum?" arbeiten. Warum? Weil die Antwort auf die Frage „warum" nie in einer einfachen Tatsache besteht, sondern in einer Meinung. Zwar können in der Antwort beobachtete Tatsachen und allgemeine Naturgesetze eine Rolle spielen, aber wie sie nach der Meinung des Partners in Ihrem Zusammenhang ein Ereignis verursachen, dabei fließen eine Menge persönliche Einstellungen und Überzeugungen und stillschweigende Voraussetzungen mit ein.

Wieviel die Antwort auf die Frage „warum" wirklich über beobachtete oder beobachtbare Tatsachen aussagt, kann nur mit zusätzlichen Sachfragen von „was" bis „wie" geklärt werden. Eine sinnvolle Analyse von Ursachen ist nur nach Kenntnis aller relevanten Fakten möglich. Die Frage „warum" ohne Prüfung der Fakten provoziert subjektive Interpretationen und öffnet weitreichenden Spekulationen Tür und Tor. Die Antwort sagt dann mehr über die Gedankenwelt des Sprechers als über die wirkliche Welt.

Nun noch eine kleine Übung, damit Sie selbst die Wirkung verschiedener Fragen ausprobieren können. Erinnern Sie sich noch an die Fragen zu Ihrem letzten wichtigen Gespräch am Anfang dieses Kapitels?

Dann denken Sie bitte wieder an dieses Gespräch und überlegen Sie bitte noch:

Warum verlief es genau so?
Weshalb gab es kein anderes Ergebnis?

Bitte vergleichen Sie jetzt Ihre Antworten zur ersten Fragegruppe am Anfang dieses Kapitels mit denen zur zweiten Gruppe, die Sie jetzt noch beantwortet haben. Was ist der Unterschied?

Bei der ersten Gruppe dürften Sie mehr Fakten und Tatsachen notiert haben, bei der zweiten Gruppe mehr Ihre Interpretationen und Ihre Meinung. Damit haben Sie die Wirkung der „Warum"-Fragen einmal selbst ausprobiert. Beides ist selbstverständlich wichtig. Für eine gute Gesprächsführung und eine effektive Fragestrategie ist es genauso wichtig, den Unterschied zu kennen und in Ihren Gesprächen zu berücksichtigen.

Und warum kann die Frage „warum" trotzdem auch sinnvoll sein? Wenn Sie jemand genauer kennenlernen wollen, wenn Sie sich mit seiner Sicht der Welt auseinandersetzen wollen. Dann fragen Sie ihn: „Warum glaubst du eigentlich, dass...?" und nehmen sich viel Zeit, um ausführlich zuzuhören. Und es macht wenig Sinn, mit ihm über seine Meinung zu streiten. Sie haben gefragt, und nun erzählt er. So einfach ist das. Davon, dass Sie vielleicht eine andere Meinung haben, wird er seine nicht ändern. Sie ändern Ihre ja auch nicht ohne weiteres, nur weil er eine andere hat. Also nur wenn Sie sich wirklich für die Meinung des Partners interessieren, oder wenn Sie nach ausreichender Kenntnis von Fakten die Zusammenhänge untersuchen wollen, dann fragen Sie mit gutem Gewissen „warum?" – sonst überlassen Sie das am besten professionellen Beratern und Tiefenpsychologen.

Offene Fragen

Und wenn Sie die „wer-wie-was-Fragen" richtig einsetzen wollen: dafür gibt es eine äußerst effektive Strategie. Die Fragen, die wir bisher betrachtet haben, sind allesamt sogenannte „offene" Fragen – Sie lassen dem Partner offen, was er antworten will, sie können nicht einfach mit „ja" oder „nein" beantwortet werden. Welche Beispiele fallen Ihnen dazu ein?

Das Gegenteil davon sind „geschlossene" Fragen. Sie führen auf ein klares „ja" oder „nein" als Antwort hin. Ist Ihnen dieser Unterschied deutlich genug?

Ob Sie sich bei der eben gestellten Frage „Welche Beispiele..." überhaupt welche einfallen lassen, wieviele, welche genau, das blieb alles ganz Ihnen überlassen. Sie haben das sicher so gelöst, wie es Ihnen im Augenblick am besten gepasst hat, genau wie bei den offenen Fragen am Beginn dieses Kapitels. Bei der Frage „Ist Ihnen dieser Unterschied deutlich ..." dagegen denken die meisten Leser spontan ein „ja" oder „nein", je nachdem, ob Ihnen der Sachverhalt schon klar genug ist oder nicht.

Offene Fragen sind meist wesentlich hilfreicher als geschlossene. Sie lassen dem Partner die Freiheit, was und wieviel er antworten will. Sie liefern damit oft wesentlich ausführlichere Antworten. Geschlossene Fragen bieten dem Zuhörer den Gedanken des Sprechers an und lassen ihm nur die Wahl, zuzustimmen oder abzulehnen. Und Sie kennen wahrscheinlich den alten Juristenwitz: Was antworten Sie, wenn der Richter fragt: „Haben Sie je aufgehört, Ihre Frau zu schlagen?" Das führt zu einem besonderen Paradox, den verneinten geschlossenen Fragen. Im Juristenwitz ist dieses Paradox besonders gut versteckt, weil durch das Wort „aufgehört" die Verneinung nur implizit formuliert wird. Wollen Sie das nicht einmal an einem anderen Beispiel hinterfragen?

Nein – das wollen Sie jetzt nicht – oder
Nein – das wollen Sie nämlich doch! Oder aber
Ja – das wollen Sie nicht – bzw.
Ja – doch, das wollen Sie schon.

Wenn Sie das Paradox an diesem Beispiel hinterfragen, wird deutlich, dass Sie nach Belieben „Ja" oder „Nein" sagen können, es ist immer richtig und gleichzeitig immer falsch. Sie können solche Fragen beantworten, wie Sie wollen – wenn Sie keine zusätzliche Information geben, hat Ihr Partner keine Ahnung, was Sie meinen. Wenn er dieses Buch gelesen hat, wird er dann nachfragen – oder solche Fragen gar nicht erst stellen.
Ein schönes Beispiel stand dieser Tage in der Süddeutschen Zeitung. Im Interview mit Finanzminister Hans Eichel hatte der Reporter über Konten in der Schweiz und Liechtenstein gesprochen und fügte die Frage an: *„Und, haben Sie so ein Konto in der Schweiz, alles anständig versteuert?"* Eichels Antwort: *„Nein."* Jetzt können wir Steuerzahler uns einige Gedanken machen, was unser Finanzminister da gerade verneint hat ...

Offene Fragen bringen mit längeren Antworten automatisch auch mehr Information. „Haben Sie ein eigenes Haus?" Selbst das „Ja" bestätigt nur das Gefragte. Ich weiß noch nicht, was für ein Haus, wo es steht, und was sonst noch interessant sein mag. Ist die Antwort gar ein „Nein", scheidet nur die gefragte Kombination aus. Alles andere ist denkbar: Der Gesprächspartner hat ein Haus, aber kein eigenes, sondern ein gemietetes. Oder er hat eine eigene Wochenendwohnung, eine große Stadtwohnung in München, ein Appartement in London und eins in Monaco. Ein Haus hat er nicht.

Vergleichen Sie dazu die Frage: „In was für einem Haus wohnen Sie?" Ein wortkarger Zeitgenosse könnte natürlich einfach sagen: „In einem schönen Haus." Viele Ihrer Gesprächspartner würden aber wahrscheinlich freiwillig eine Menge mehr erzählen. Sie erhalten also mehr Informationen über das Haus – und über den Gesprächspartner. Diesen Unterschied – Sache oder Person – kennen Sie schon vom Anfang dieses Buches. Es sind zwei verschiedene Aspekte der Kommunikation, die Sie an der grünen Ampel kennen gelernt haben.

Wer in früheren Jahren im Fernsehen Robert Lembkes Ratespiel „Was bin ich" verfolgt hat, kennt vielleicht noch die besondere Frageform von Guido, dem „Fuchs": „Gehe ich recht in der Annahme, dass Sie keine Waren vertreiben?" Da die eigentliche Frage lautet, „Gehe ich recht", so kann der Gefragte klar mit „ja" oder „nein" antworten. Etwas anderes war in dem Spiel nämlich nicht erlaubt. Und Guido gelang es immer, seine Frage so zu formulieren, dass die erhoffte Anwort ein „Ja" war – denn bei einem „Nein" bekam der Kandidat ein Fünf-Mark-Stück in sein Schweinderl, und das Fragerecht ging an das nächste Teammitglied weiter. Vielleicht haben sich damals viele Zuschauer und Zuhörer diese besondere Frageform, die zweifellos sehr intelligent und für dieses spezielle Ratespiel auch sehr effektiv war, gemerkt und eingeprägt. Aber das Leben ist kein Fragespiel, deshalb ist diese Floskel nicht unbedingt alltagstauglich. Und Sie bekommen auch keine fünf Mark ins Schweinderl.

Merken Sie sich deshalb bitte als zweiten Gesprächsförderer:

Das zweite,
was Sie als guter
Gesprächspartner lernen sollten,
ist *offen zu fragen.*

Die offenen Fragen wirken eher kooperativ, mit ihnen fördern Sie den Informationsfluss. Die geschlossenen Fragen sind eher direktiv, mit Ihnen fordern und fördern Sie eine Entscheidung.

Dabei hat Ihr Partner freilich nach wie vor die Verantwortung für seine eigene Entscheidung.

Systematisch fragen

Wann ist nun welche Frage richtig? Für diese Überlegung rate ich zur Anwendung des „Trichter-Modells", das einige Kollegen in der Industrie schon vor langer Zeit mit mir entwickelt haben, und das inzwischen noch einige kleine Verfeinerungen erfahren hat.

Am Anfang stehen offene Fragen. Sie dürfen gerne so offen wie möglich sein; mein Freund Jo nennt den Einstiegstyp „Schneeschaufelfragen", weil es darum geht, auf leichte Weise möglichst viel zu erfassen. Danach kommen ein bis mehrere Fragen, die sowohl Sherlock Holmes als auch Colombo verwenden, nämlich erweiternde Fragen mit der einfachen Form „Was noch?" Solange der Partner bereitwillig erzählt, funktioniert diese Frage ausgezeichnet. Mit unserem Schneeschaufelbeispiel können Sie sagen, dass Sie noch ein paar Schaufeln drauflegen. Nach dieser Erweiterung beginnen Sie mit dem Spezifizieren, mit dem Eingrenzen: Was genau, wie genau, was im Besonderen? Und danach mit dem Konkretisieren der Fakten: Was, wo, wann, wer, mit wem... so lange, bis Sie alles wissen, was Sie wissen wollten. Oder aber, bis Sie merken, dass Ihr Gesprächspartner auf einmal nicht mehr will: dann nämlich, wenn er sich ausgefragt und verhört fühlt. Dann ist es an der Zeit, sich für die Neugierde zu entschuldigen – es war einfach zu interessant.

Und zum Abschluss stellen Sie eine geschlossene Frage. Wenn es um Verstehen und Verständnis geht, dann heißt das etwa so: „Sie meinen also, dass...?" und dabei wiederholen Sie, was Sie verstanden haben. Ja, genau, das kennen Sie schon vom aktiven Zuhören! Hier ist es mit der Fragestrategie kombiniert, diese Kombination ist besonders wirksam.

Wenn Sie jetzt ein „Ja" erhalten, dann haben Sie verstanden. Wenn „Nein" – was dann? Dann zurück zum Anfang des

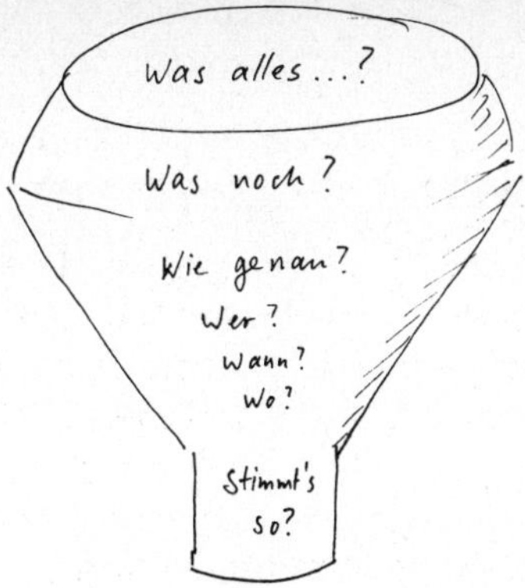

„Trichters mit der offenen Frage: „Wo weicht das von Ihrer Meinung ab?“ „Wo haben wir noch Unterschiede in unserem Verständnis?“ Und dann arbeiten Sie sich wieder durch, so lange, bis alles aufgeklärt und ein klares „Ja“ erreicht ist. Sie können sich das Bild auch so vorstellen, dass unser Trichter unten einen Hahn hat, den man auf- und zudrehen kann. Ist nach der gesamten Informationssammlung der abschließende Bescheid „Ja, stimmt“, dann können Sie den Hahn öffnen und die Information fließen lassen, also weitergeben. Wenn „Nein“ kommt, dann lassen Sie den Hahn zu und überprüfen erst noch einmal den Inhalt.

Bei Entscheidungen lautet die Frage: „Sind Sie damit einverstanden?“ Und dann geht es weiter wie eben: Wenn ja, können Sie die Entscheidung umsetzen. Wenn nein, ist es keine gemeinsame Lösung, und Sie diskutieren weiter.

In dieser Fragestrategie sind die Vorteile der Gesprächssteuerung und Informationsgewinnung auf elegante Art und Weise nutzbar. Mit jeder zusätzlichen Information können Sie entscheiden, wie Sie weiter steuern wollen.

Fragen und – Zuhören!

Auf die meisten Fragen werden Sie Antworten bekommen. Und dann gilt: Zuhören, gut zuhören, aktiv zuhören. Zum einen sind diese Informationen Entscheidungsgrundlage für Ihre weiteren Fragen, für Ihre weitere Steuerung. Aber wenn Sie gut zuhören, bekommen Sie auch eine Menge zusätzlicher Informationen obendrein, nach denen Sie dann gar nicht mehr zu fragen brauchen. Das schützt davor, in den Bereich des Ausfragens und ähnlicher Störungen zu gelangen. Und was nützen die besten Fragen, wenn bei den Antworten keiner zuhört?

Dieser Satz mag komisch klingen, aber er ist sehr ernst gemeint. Immer wieder werden Sie Leute finden, die Fragen stellen und sofort weiterreden. Wann soll der Angesprochene denn dann antworten? Wenn er höflich ist, wird er nicht unterbrechen wollen. Nach einiger Zeit haben dann beide, Frager wie Gefragter, die Frage vergessen, eine Chance ist vertan. Ähnlich ist es mit Kettenfragen. Das heißt, ich stelle mehrere Fragen hintereinander, ohne dazwischen Pausen zu lassen, in denen mein Gesprächspartner antworten könnte. Das klingt dann etwa so:

„Sagen Sie, darf ich Sie mal fragen, wo wohnen Sie denn, hier oder auswärts, haben Sie eigentlich ein eigenes Haus oder eine Wohnung, oder wie ist das?“

Wenn ich Pech habe und mein Partner ein gutes Kurzzeitgedächtnis, könnte er mit jedem Recht der Welt antworten: *„Ja, in München, nein beziehungsweise ja, ja, nein, schön!“* Und dann beginnt der erstaunte Frager, die vielen Anworten seinen Fragen zuzuordnen, und wahrscheinlich müht er sich vergebens – so schnell wie er gefragt hat, so schnell kann er gar nicht zuhören. Und mit einer klitzekleinen Schadenfreude hoffe ich bei jedem Kettenfrager, dass er einmal einem Partner begegnet, der das gute Gedächtnis hat und den Mut, genau so zu antworten, wie er gefragt wird!

Steuern und Übersteuern

Wenn gute Fragen auch eindeutig ein Gesprächsförderer sind, weil sie den Gedankenfluss des Sprechers anstoßen und anregen, so haben sie doch wie fast alle Fragen einen Nachteil: Sie können den Gedankenfluss des Sprechers auch unterbrechen. Sogar beim Nachfragen, das wir mit guten Gründen zum aktiven Zuhören rechnen dürfen, könnte der Sprecher davon ausgehen, dass Sie selbstverständlich verstehen, was er mit seinem Begriff gemeint hat. Wenn Sie nun nachfragen, muss er seinen Gedankenfluss quasi zurückspulen und den entsprechenden Begriff erklären. Das erhöht zwar seine Chance, von Ihnen verstanden zu werden. Aber das stellt ihn dann vor die innere Frage: Wo war ich jetzt stehengeblieben? Wenn er es weiß, ist ja alles gut. Wenn nicht – dann hat er den Faden verloren und muss ihn neu aufspulen.

Deshalb sind direkte Fragen mit dem starken Appell, der einen sehr deutlichen Steuerungsimpuls aussendet, nicht immer die beste Wahl. Eine Lösung bietet die Möglichkeit, die Fragen zu verpacken. Zum einen können Sie die Fragen durch ihre Verpackung erklären und begründen: „Ich bin nicht sicher, ob ich so genau weiß, was Sie mit ‚Verpackung' meinen. Was verstehen Sie darunter?" Durch dieses Einbetten in eine klare Ich-Botschaft mit einer Begründung machen Sie dem Partner die Notwendigkeit Ihrer Nachfrage deutlich. So erhöhen Sie sein Verständnis für den „Mehraufwand". Sie signalisieren gleichzeitig, dass Sie keine eigenen Inhalte dazwischenbringen wollen, sondern nur den Partner besser verstehen. Damit sind Sie noch beim aktiven Zuhören.

Aber Fragen sind auch eine Möglichkeit, die Gedanken des Partners auf die Beziehung zu eigenen Gedankenwelten zu prüfen. Wenn das sehr abrupt geschieht, kündigen es manche mit der direkten Bitte an: „Darf ich mal was ganz anderes fragen?" Eine solche Strategie ist ganz offensichtlich sinnvoll, wenn sich in der gegebenen Situation etwas Wichtiges ereignet, worauf der Partner in seinem eigenen Interesse eingehen sollte. Wenn Sie in einem Restaurant sitzen, der Partner erzählt ganz begeistert über seinen letzten Urlaub und merkt gar nicht, dass der Kellner schon mit gezücktem Bestellblock hinter ihm steht, wird er nicht viel dagegen haben, wenn Sie ihn unterbrechen: „Entschuldigung, der Kellner wartet – was möchtest du essen?" Er kann ja nachher weitererzählen. Auch hier ist die Frage durch eine Vorbemerkung eingeleitet. Sie können auch durch deutliches Aufschauen mit Blickrichtung Kellner oder durch Gesten klar machen, dass sich etwas tut.

Indirekte Fragen

Die Überleitung zur eigenen Gedankenwelt können Sie auch mit der Frage einleiten: „Darf ich dir mal erzählen, was ich dazu denke?“. Mit der Bitte um Erlaubnis machen Sie sich natürlich von der Zustimmung des Partners abhängig. Wenn er „Nein“ antwortet und Sie doch Ihre Meinung sagen wollen, ist eine Kontroverse vorprogrammiert. Wenn Sie Ihre Meinung also auf jeden Fall sagen wollen, dann fragen Sie keine scheinheiligen Fragen, sondern sagen ganz offen: „Dazu möchte ich jetzt auch gern einiges sagen.“ Im Kapitel vier gibt es dazu noch einige weitere Anregungen.

Eine zweite Möglichkeit, den Druck von Fragen zu vermeiden, besteht darin keine zu stellen – jedenfalls nicht an den Partner. Es gibt viele Alternativen, den Appell „Bitte rede!“ mehr oder weniger indirekt zu formulieren. Die einfachste Form kann sein, nicht den Partner, wohl aber sich selbst laut zu fragen: „Ich frage mich, ob ich überhaupt richtig verstanden habe, was du mit ‚indirekt‘ meinst.“ Oder Sie formulieren gar keine Frage, sondern so etwas wie „Wenn ich jetzt wüsste, was du mit indirekt genau meinst ...“. Unvollendete Sätze senden auch einen recht starken Appell, dass der Partner jetzt weiterreden könnte. Aber Sie machen keinen direkten Druck und lassen dem Partner die Wahl, Ihren Einwurf zu übergehen. Das wäre bei einer direkten Frage sehr viel schwieriger und störender.

Reden ist Silber, Schweigen ist Gold, sagt der Volksmund. Je länger ich mich in Seminaren und in der Praxis mit dem Thema beschäftige, desto mehr komme ich zu dem Schluss: Fragen ist Silber, Zuhören ist Gold. Aber wenn Ihnen nichts Großartiges für Ihr Goldenes Schweigen angeboten wird: probieren Sie es ruhig auch einmal mit Silber! Zusammen sind beide Strategien ein unschlagbares Paar und das beste Fundament für die anderen fünf Gesprächsförderer, die in den nächsten fünf Kapiteln noch kommen.

Wie würden Sie zum Abschluss dieses Kapitel zusammenfassen?

3. Beim Thema bleiben

Woher soll ich wissen, was Sie meinen, wenn ich höre, was Sie sagen?

> ***„Das von den Sicherheits-, Wertschätzungs- und Selbstverwirklichungsbedürfnissen, von dem Bedarf an Wissen um die gegebenen Möglichkeiten zur Bedürfnisbefriedigung und vom Wunsch nach sozialem Kontakt her erforderliche Minimum an Informationen kennzeichnet Notwendigkeit und Bedeutung der Kommunikation für den arbeitenden Menschen. Kommunikationsinhalte und -kanäle sind hierauf abzustellen, wenn eine Beeinträchtigung von Arbeitsmotivation und Verhalten vermieden werden soll. Quantitativ wird der optimale Kommunikationsinhalt neben der bedürfnisorientierten Minimalforderung durch ein an der Verarbeitungskapazität orientiertes Maximum bestimmt. Ein Überschreiten der so definierten Inhaltsbegrenzungen der Kommunikation ruft Störungen bei der Rollenerfüllung hervor. In ähnlicher Weise effizienzmindernd äußern sich auch Abwicklungen zwischen den semantischen und den expressiven Äußerungen des Senders, eine unklare Formulierung oder gar die Irrelevanz der Informationen und psychologische Verständnisbarrieren zwischen Sender und Empfänger als qualitative Informationsmängel, sowie ein falsch gewählter Zeitpunkt der Information.“***[6]

Was haben Sie davon verstanden?

[6] aus NICK, Management durch Motivation, S. 72

Auswertung

Sie haben alles verstanden?
– Prima, Sie könnten dieses Kapitel einfach überschlagen – wenn nicht der störende Umstand wäre, dass die meisten Ihrer Zuhörer nicht über diese phantastische Aufnahmefähigkeit verfügen. Oder haben Sie etwa gemogelt?!

Sie haben das meiste verstanden?
– Gratulation, auch Ihre Auffassung ist weit überdurchschnittlich. Und ob Sie dieses Kapitel weiterlesen wollen – siehe oben.

Sie haben nur wenig verstanden?
– Trösten Sie sich, so wie Ihnen geht es den meisten. Diese Texte sind auf Anhieb schwer zu verstehen – es liegt nicht an Ihnen, sondern am Text. Woran genau, und wie man das besser macht, davon handelt dieses Kapitel.
Sie haben überhaupt nichts verstanden?
– Gottseidank, dann geht es nicht nur mir so. Über all diese Texte habe ich mich beim ersten Lesen so geärgert, dass mein rationales Denken völlig ausgesetzt hat.

Wir kümmern uns in diesem Kapitel um den inhaltlichen Aspekt der Botschaft, um das „WAS". Sie können Dinge so ausdrücken, dass sie klar und verständlich sind. Oder sie können Ihre Formulierungskunst zu einem Höhenflug in semantische und konstruktive Rekordleistungen hineinsteigern, der auch dem wohlgesonnensten Zuhörer schließlich die Lust auf das Zuhören nachhaltig verleidet. Fazit:

Das dritte, was Sie als guter Gesprächsführer verlernen sollten: reden, ohne etwas Verständliches zu sagen.

Wenn wir nun untersuchen wollen, woran die Schwerverständlichkeit dieser Texte liegt, so hilft eine Einschätzung nach den folgenden Kriterien[7]:

Prägnant und kurz	–	statt langatmig und weitschweifig
Ordnung, Gliederung	–	statt durcheinander, verwirrend
Simpel, einfach	–	statt kompliziert, komplex
Interessant, anregend	–	statt langweilig, wenig ansprechend
Thema treffend	–	irrelevante Informationen lenken ab
Inhaltlich richtig	–	alsche Informationen sind oft schlimmer als gar keine
Vollständig	–	das Notwendigste sollte klar gesagt sein.

Diese sieben Kriterien können Sie sich leicht über ihre Anfangsbuchstaben merken. Zusammengefasst ergeben sie die **„Positiv"-Regel**.

Üben Sie zuerst mit Texten, auch wenn es Ihnen ums Reden geht. Bei schriftlichem Material spielt die Zeit keine Rolle, Sie haben genug. Nehmen Sie Texte, die andere geschrieben haben und die Sie nur schwer verstehen. Sie finden sie besonders leicht in Fachzeitschriften oder Behördenkorrespondenz. Aber auch andernorts treffen Sie Unverständliches an, Sie sind nirgendwo völlig davor sicher (auch in diesem Buch nicht!). Dann versuchen Sie sich an Texten, die Sie selbst schreiben: Briefe, Berichte, was auch immer. Wenn Sie im Schriftlichen weitergekommen sind, werden auch Sie schon einige Verbesserungen bei Ihrer Redeweise bemerken.

[7] Die ersten vier Kriterien der Verständlichkeit wurden von einer Gruppe Hamburger Wissenschaftler um Schulz von Thun erarbeitet und erforscht, den wir bereits bei den „vier Aspekten" kennen gelernt haben. Wir ergänzen diese Kriterien um drei weitere für eine positive Gestaltung von sachlicher Information.

Das dritte,
was Sie als guter Gesprächsführer
lernen sollten,
ist zu sagen, was Sie meinen.
Und zwar so,
dass die anderen Sie verstehen.

Üben Sie in zwei Schritten:
Schritt eins: Sie suchen die Punkte heraus, die zur Unverständlichkeit beitragen, und streichen sie an.
Im **zweiten Schritt** verbessern Sie diese Punkte. Wie das genau geht, dazu kommen wir gleich. Wenn Sie wollen, können Sie das auch bei unserem Beispiel von oben versuchen. Ein Lösungsvorschlag dazu ist im Anhang auf S. 158 abgedruckt.

Mit Ihren eigenen Texten verfahren Sie genauso: Schreiben Sie zunächst einmal einfach auf, was Sie sich gedacht haben, und gehen Sie dann in den gleichen Schritten vor.

Prägnant ist mehr als kurz und knapp

Wie formulieren Sie nun kurz und knapp? Kürze ist kein Selbstzweck. Vielleicht gefällt Ihnen der Gedanke des „Minirock-Prinzips": Lang genug, um das Wesentliche abzudecken, aber kurz genug, um das Interesse anzuregen. Konzentrieren Sie sich auf das Ziel Ihres Beitrags. Was ist dafür wesentlich?

Wenn Sie sich nur auf das Wesentlichste beschränken, ist jedes Wort notwendig. In der Extremform führt das zum Telegrammstil: Ankomme 21.2.99 17.10 Hbf München. Was kann man da noch weglassen, ohne einen wesentlichen Inhalt zu unterschlagen? Andererseits ist alles Wichtige gesagt.

Das Wesentliche dürfen Sie auch wiederholen, am besten in anderen Worten. Ganz Wichtiges sollten Sie dreimal sagen: Einmal als Ankündigung, was Sie sagen wollen; einmal als Botschaft, was Sie zu sagen haben; und einmal als Zusammenfassung, was Sie gesagt haben. Wenn Sie sich nach dieser Regel richten wollen, dann bitte unter einer Voraussetzung: nicht alles auf einmal, sonst haben Sie Ihr Pulver verschossen, und jede weitere Wiederholung wird zu einem lästigen Wiederaufguss. Verteilen Sie Ihre drei Wiederholungen in drei verschiedene Beiträge, die Sie geschickt platzieren. Nehmen wir an, Sie reden mit Ihrem Vermieter über die Miete, dann kündigen Sie gleich am Anfang an, dass Sie auch über die Nebenkosten reden werden. Wenn Sie dann über die Miete gesprochen haben, bringen Sie wie angekündigt die Nebenkosten ein. Und bei der Zusammenfassung am Schluss des Gesprächs wiederholen Sie auch Ihre Meinung zu den Nebenkosten.

Ein zweiter Punkt zur Kürze: die meisten Menschen können sich nicht mehr als sieben plus/minus zwei Punkte merken, also zwischen fünf und neun. (Wahrscheinlich geht deshalb immer etwas verloren, wenn man sich ständig an alle 10 Gebote halten soll.) Beim bloßen Hören merken die meisten Menschen sich nicht mehr als drei Punkte. „Aller guten Dinge sind drei", sagt der Volksmund, und verurteilt damit alle weiteren Punkte in einem Beitrag als „nicht gut". Gewöhnen Sie sich also an, dass Sie heimlich mitzählen: Nur drei Punkte! Sie können diese Weisheit auch gut mit der Wiederholungsregel verbinden: Bei der Ankündigung nennen Sie alle drei Punkte. Bei der Botschaft selbst machen Sie es am besten wie mit den Kartoffelknödeln: Immer nur einen auf einmal. In der Zusammenfassung am Schluss können Sie wieder alle drei Punkte wiederholen, das sitzt. Dabei ist nicht gesagt, wie die Punkte aufgenommen werden.

Ein dritter Punkt betont den zeitlichen Aspekt. Langweilig heißt langweilig, wenn ein Redner eine zu lange Weile braucht. Gewöhnen Sie sich an, in normalen Gesprächen nur jeweils eine halbe Minute zu reden. Das reicht. Wenn Sie die Regel mit den drei Punkten befolgen, werden Sie auch kaum länger brauchen. Und Sie schützen sich davor, unnötige Wiederholungen und ellenlange Rattenschwänze an Ihre sinnvollen Beiträge anzuhängen: Sie würden damit Ihre Botschaft nur verwässern.

Ausnahmen bestätigen die Regel: Wenn Sie als Redner für einen Vortrag von einer Stunde eingeplant sind, erwarten die Zuhörer von Ihnen mit Recht, dass Sie diese Stunde gestalten und ausfüllen. Wenn Sie Ihrer Angebeteten einen Heiratsantrag machen, darf es auch zwei Minuten dauern. Wenn Sie Ihre beste Freundin fragt, wie Ihr Urlaub war, dann sollten Sie schon etwas mehr sagen als „Gut!". Aber sogar in diesen Fällen ist es wahrscheinlich förderlicher für das Gespräch, mit einem kürzeren Beitrag zu beginnen und den Partner oder die Partnerin an dem Gespräch aktiv teilhaben zu lassen.

Die **Zusammenfassung** kurz und knapp:
- Konzentrieren Sie sich auf Ihr Ziel.
- Beschränken Sie sich auf das Wesentliche.
- Bringen Sie höchstens drei Punkte.
- Lassen Sie spätestens nach dreißig Sekunden die anderen auch was sagen.
- Besser kurz und knapp als langweilig und schlapp!

Eine kleine Übung dazu:
Beschreiben Sie Ihre Armbanduhr so genau, dass die Polizei sie unter hundert gestohlenen Uhren zweifelsfrei herausfinden kann!

Ordnung ist das halbe Leben

Auch wenn Sie diese Meinung nicht teilen, was ich gerne unterstütze, kommen wir um das Thema selber nicht herum. Denn für die Verständlichkeit ist Ordnung ein wesentliches Kriterium. Sie kennen das sicher: Wenn jemand aufgeregt ist und scheinbar zusammenhanglos drauflosredet, ist es schwierig, ihm zu folgen. Es nützt auch wenig, wenn der Sprecher einen inneren Zusammenhang vor Augen hat. Solange wir diesen nicht kennen, können wir uns auf die Botschaft keinen Reim machen. Und wer das Pferd von hinten aufzäumt, braucht sich nicht wundern, wenn den anderen der Sinn seiner Bemühungen zunächst verborgen bleibt.

Ein ärgerliches Beispiel erlebte ich mit einer Gebrauchsanweisung, die ich Schritt für Schritt verfolgte, ohne dass mein Gerät funktionieren wollte. Ganz am Schluss fand sich dann der interessante Hinweis, wo sich der gut versteckte Knopf zum Einschalten befand, den man sicher als erstes schon bedient hätte...

Bei der Ordnung und Gliederung unterscheiden wir zweckmäßig zwischen dem inneren und dem äußeren Aufbau. Der innere Aufbau folgt dem „roten Faden": Was ist der richtige Weg zum Ziel? Was kommt zuerst, was baut darauf auf? Dieser Gedanke hätte bei meiner Gebrauchsanweisung sicher geholfen. Typische Ordnungsprinzipien können Sie mit den folgenden Fragen finden:

- Folgt der Text einer bestimmten Regel?
- Gibt es eine Ursache-Wirkungs-Kette mit Ursachen und Folgen?
- Was ist die zeitliche Abfolge?
- Welche Zusammenhänge sind den Zuhörern bekannt oder geläufig?

Die äußere Gliederung stützt sich beim Sprechen auf zwei einfache, aber hochwirksame Mittel: die Betonung und die Pause. Die Pause ist davon das wichtigere. Denn wann bitte soll der Zuhörer denken, wenn ich ununterbrochen drauflos schwatze? Wenn er keine Zeit zum Denken findet, wie soll er dann merken, ob er mir noch folgen kann?

Zusammenfassungen sind eine der wichtigsten Gliederungshilfen überhaupt.
Fassen wir also zusammen, wie Sie Ihre Botschaft gliedern und ordnen können:

Der rote Faden ist gut erkennbar und führt geradewegs zum Ziel
Alles kommt hübsch der Reihe nach
Wesentliches ist gut erkennbar betont
Alles bleibt übersichtlich und gut zu verfolgen
Eine sinnvolle Gliederung beugt der Überfrachtung einzelner Teile vor
Und immer, wenn nötig:
P A U S E N !

Sagen Sie es einfach einfach!

Nichts ist einfacher, als einem einfachen Manne seine einfache Sprache zu verleiden: Lassen Sie Ihn eine Rede halten! Und sogleich wird seine Sprache komplizierter, seine Sätze länger und veschachtelt, er bemüht sich um interessante, sprich unverständliche Wörter, versteigt sich in abstrakte Substantivkonstruktionen, gebraucht ungewöhnliche Zeitformen und insbesondere das Passiv – und am Ende versteht er selber nicht mehr, was er eigentlich sagt.

Dabei wäre es so leicht, einfach zu sprechen:
Einfache Sätze – höchstens mit einem Nebensatz
Einfache Konstruktionen – aktiv, in der Gegenwart, mit klaren Verben
Einfache Wörter – keine komplizierten Fachtermini, keine komplexen Substantivkonstruktionen

Die Kürze, von der hier die Rede ist, unterscheidet sich in einem wesentliche Punkt von der Kürze aus dem Abschnitt Prägnanz. Dort ging es um die inhaltliche Kürze, um überflüssige Wiederholungen zu vermeiden. Hier geht es um die formale Kürze, um einen einfacheren Satzbau und einfachere Wörter.

Kurze Sätze lassen sich recht einfach üben: Zählen Sie einfach die Wörter. Mit etwas Übung geht das auch beim Sprechen. Zählen Sie einfach mit den Fingern mit. Sie wissen: Sie haben nur zehn. Wenn die Finger ausgehen, machen Sie einen Punkt.

Hören Sie einfach auf. Dann werden Ihre Sätze automatisch kürzer. Auch dieser Absatz ist so geschrieben. Kein Satz ist länger als acht Wörter. Sie haben es gerne ausführlicher? Das glaube ich gerne. Aber leider gilt: die anderen verstehen es schlechter.

Mit der Wortwahl ist es ebenso. Lange Wörter sind unübersichtlich beim Lesen und auch beim Hören schwer zu verfolgen. Die Schmerzgrenze sind drei Silben. Ein einfacher Tip lautet: Nur einen Dreisilber pro Satz! Der ist zu verdauen.

Wenn Sie eine Gegenprobe interessiert, vergewissern Sie sich bitte geflissentlich, dass in dem jetzt genannten Satz mehrere Wortkonstruktionen von teilweise beträchtlich längerem Umfang Verwendung finden.

Ist Ihnen der Unterschied aufgefallen? Fein!

Wenn Sie es komplizierter lieben...

Besonders platzraubend und nervtötend sind unsere **Zusammensetzungen**. Wir alle haben als Kind gerne den Donaudampfschifffahrtskapitän nach seiner Kapitänspatentprüfung gespielt. Fragen Sie mal einen Engländer, der ganz leidlich Deutsch spricht, was er davon hält. Als Junge, der mit der Bahn zur Schule fuhr, habe ich jahrelang gerätselt, was ein Zugschlusssendestab ist (oder hieß das noch anders?). Auch heute noch ist auf die Bahn Verlass: Für jeden ICE gibt es einen Wagenstandsanzeiger. Wissen Sie, was das ist? Dann finden Sie doch bitte dafür ein besseres Wort! Vielleicht wäre die Bahn sogar dankbar, wer weiß...

Ein anderes Komplizierungsinstrument sind **Fremdwörter**. Manche sind sicher einfacher als eine Übersetzung und deshalb sinnvoll:
Motor statt Kraftstoffluftgemischexplosionsantrieb
Revolver statt Drehtrommelhandfeuerwaffe
Machen Sie sich den Spaß und finden Sie noch fünf weitere:

Für andere Wörter ist es umgekehrt. Die meisten Leute verstehen eher

umkehrbar statt reversibel
beschädigen statt lädieren
schwierig statt diffizil

Wenn ein anderer mit solchen Wörtern jongliert – Verzeihung, um sich wirft – scheuen Sie sich nicht, ihn zu fragen, was er meint. Es gibt keine Garantie, dass Leute, die solche Wörter verwenden, wirklich wissen, was sie bedeuten. Was wiederum bedeutet, dass, wenn Sie wissen, was es eigentlich bedeutet, Sie auch glauben, dass Sie schon verstanden hätten, was der Sprecher meint, dann kann darin schon das Missverständnis liegen.

Manche Fremdwörter sind auch einfach Modeerscheinungen. Groovy ist out, cool ist in. Machen Sie sich nichts daraus, es wird sich wieder ändern. Ob Sie mitspielen wollen, ist Ihre Entscheidung. Nur eine Warnung: Wenn Sie Kinder haben, die intensiv eine solche neue Sprache pflegen, versuchen Sie um Himmels willen nicht mitzumischen. Das ist doch genau der Sinn der Jugendjargons, dass er sich von der Sprache der Alten unterscheiden soll. Wenn wir das nicht respektieren, machen wir den Wortsalat nur schlimmer. Und seien wir ehrlich: Wir haben es früher genauso gemacht.

Schließlich gibt es auch **Fachwörter,** die in einer Fachsprache notwendig sind. „Reffen" ist für einen Segler eine ganz bestimmte Art, die Segel einzuholen, und ein Birdie im Golf und ein Foul im Fußball werden noch eine Weile so heißen. Halt – viele Fouls heißen jetzt bei den Reportern schon „internationale Härte". Aber das ist eine andere Geschichte, die mit dem schönen Fremdwort Euphemismus zu tun hat. Wenn Sie ein solches Fachwort benutzen und Ihr Partner schaut irritiert, erklären Sie es kurz. Er wird sich freuen. Euphemismus heißt etwa: Schönfärberei. Diese nützliche Angewohnheit wird Sie auch davor bewahren, Fremdwörter zu verwenden, die Sie gar nicht erklären können. Es könnte ja mal jemand fragen...

Schneiden Sie alte Zöpfe ab

Besonders Behörden haben sich früher durch einen unverständlichen „Amtsstil" mit unnötigen Substantivkonstruktionen unrühmlich hervorgetan. Obwohl an einigen Stellen inzwischen besser und kundenfreundlicher formuliert wird, ist weithin noch die Verbreitung der alten Zöpfe zu beklagen – Besserung noch nicht flächendeckend in Sicht. (Haben Sie gemerkt – schon wieder zuviel Dreisilber. Amtsdeutsch steckt an, wenn man nur davon schreibt.)

Selbst in der Tourismusbranche, die doch wirklich serviceorientiert denkt, ist dieser Stil noch zu finden. In unserem letzten Urlaub fand ich an einem Skilift den schönen Hinweis: „Den Anweisungen des Personals ist unbedingt Folge zu leisten." Wie käme es wohl an, wenn da stünde: „Ihr Helfer am Lift unterstützt Sie gern. Bitte unterstützen Sie auch uns und tun Sie, was er sagt." Wenn Sie sich fragen, warum der Satz anders wirkt, vergleichen Sie einfach die Wortlänge und die Hauptwörter.

Ein Bild sagt mehr als tausend Worte

Ein letzter, aber ganz wesentlicher Punkt darf nicht fehlen, wenn Sie es Ihrem Zuhörer leicht machen wollen: Er soll nicht nur zuhören, sondern sich auch etwas vorstellen können. Überlegen Sie einmal, wozu folgende Bewegung dient:

Ein Mann fasst mit der rechten Hand schräg nach vorn oben, ballt die Hand zur Faust und schwenkt Sie nach hinten über seine rechte Schulter. Dann führt er seinen linken Arm abwärts, weit nach hinten, und in einer halbkreisförmigen Bewegung wieder nach vorne, schräg oben. Jetzt öffnet er seine rechte Faust und fischt mit der rechten Hand hinter sich, um auch diese dann mit der charakteristischen Halbkreisbewegung wieder nach vorne zu führen. Dann wippt er mit den Schultern.

Können Sie sich das vorstellen? Der Mann hat gerade seinen Mantel angezogen. Er braucht ihn nur noch zuknöpfen. Wenn Sie mögen, lesen Sie diesen Text einigen Freunden vor und lassen sie raten, worum es geht. Als Gegenprobe schlage ich vor, dass Sie die Bewegung einfach vormachen. Auch ohne Mantel werden die meisten schneller verstehen, was gemeint ist. Ein Bild sagt mehr als tausend Worte.

Jetzt keine ZusammenfassUNG, sondern wir halten fest

kurze Sätze
kurze Wörter
einfache Wörter
Fremdwörter erklären
Beispiele bringen

So einfach ist „einfach".

Interessant, interessant

Jetzt wird es interessant: Wie rede und schreibe ich am besten interessant? Keine Angst, es geht hier nicht um den Nobelpreis in der Literatur oder um einen neuen Bestseller, auch nicht um die Aufnahme an einer Schauspielschule oder um den Oscar. Es geht um ein paar einfache psychologische Grundregeln, die Sie leicht verstehen und anwenden können.

Was interessiert uns Menschen am meisten? Die Antwort ist denkbar einfach: Das interessanteste für unseren Mitmenschen ist in der Regel – er selbst. Er selbst und alles, was mit ihm zusammenhängt: Einerseits alles, was ihm nützt, ihn freut, was er brauchen kann. Andererseits auch das, was ihm schaden könnte, was ihn bedroht. Ist Ihnen nicht auch schon aufgefallen, dass für viele die Nachrichten in der Zeitung oder im Fernsehen umso nachhaltiger ankommen, je schrecklicher sie sind?

Hier kommt unser stammesgeschichtliches Erbe durch. Wie viele andere Lebewesen ist für uns am wichtigsten, was wir haben wollen oder was wir vermeiden wollen – „fight or flight" sagt der Amerikaner, frei übersetzt „drauf oder weg". Im Sinne des Überlebens in der freien Wildbahn ist diese Priorität durchaus nützlich, und ein Teil unseres Zwischenhirns bewertet jede Information daraufhin. So wirkt bei jeder Wahrnehmung ein Sympathie- oder Antipathiefaktor. Neutrale Reize nehmen wir kaum wahr, und wir behalten sie auch nicht so gut im Gedächtnis. So entsteht das Bild der „Guten alten Zeit" im Kopf der älteren Menschen – die positiven Erinnerungen sind einfach fester gespeichert und überwiegen deshalb im Laufe der Zeit. Gewürzt ist die Erinnerung mit dem Negativen: Unfälle, Kriege, persönliche Fehlschläge.

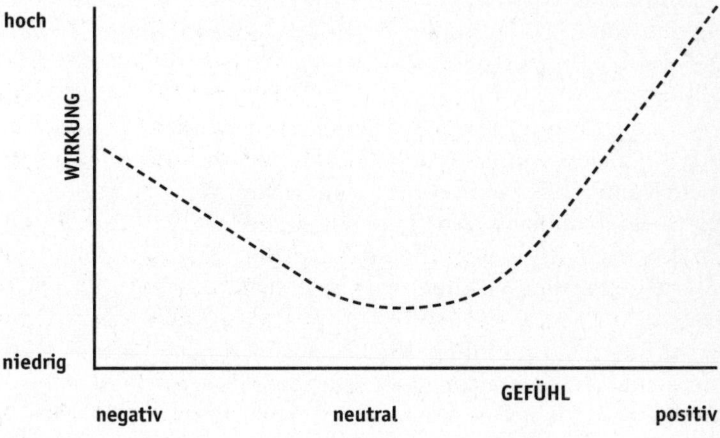

Wie aus der Pistole geschossen...

Um das Interesse Ihrer Mitmenschen zu treffen, ist es also immer noch besser, Sie aufzuregen, als gar nichts an Gefühlen bei Ihnen auszulösen. Ein englischer Rhetorikprofessor nutzte diesen Effekt. Er pflegte im Laufe seiner Vorlesung unvermittelt in die Tasche zu fassen, eine Pistole hervorzuholen, in die Luft zu zielen und abzudrücken. Nachdem die Studenten sich von dem Schreck erholt hatten, erklärte er Ihnen: „Sicher werden die meisten von Ihnen die Inhalte dieser Vorlesung vergessen. Sie werden wahrscheinlich auch meinen Namen vergessen. Sie werden vielleicht sogar vergessen, dass Sie überhaupt irgendwann einmal eine Rhetorikvorlesung besucht haben. Aber Sie werden sich immer daran erinnern, dass so ein verrückter Professor mit einer Pistole geschossen hat!" Diese Studenten hatten ein für alle Mal gelernt, was es mit der Einprägsamkeit auf sich hat.

Sie müssen natürlich nicht immer eine Pistole dabei haben, und Sie müssen auch nicht mit ihr schießen. Sie können sich einfach die Frage merken: Was ist für meinen Gesprächspartner wirklich interessant? Was freut Ihn, was nützt ihm, was kann er gebrauchen? Damit haben Sie den allerwichtigsten Faktor kennengelernt, um Ihre Redebeiträge interessant zu gestalten. Was nützt Ihnen das? Ganz einfach: Wenn Sie diese Kunst beherrschen, werden die anderen Ihnen zuhören, und – sie werden Ihnen gerne zuhören.

Nicht alles, was mir wahnsinnig spannend vorkommt, ist auch für die anderen interessant. Während der Fußballfan mit seinem Kumpel alle Bundesligaergebnisse vom Wochenende diskutiert, langweilt sich seine Frau entsetzlich. Achten Sie einmal in den nächsten Gesprächen darauf: Wer redet über Themen, die seine Partner wirklich interessieren??

Aber nicht nur der Inhalt, die Bedeutung für den Partner, sondern auch die Gestaltung trägt zum Interesse der Zuhörer bei. Stellen Sie sich vor, jemand will einen Witz erzählen und nimmt die Pointe vorweg... Die Spannung hat etwas mit der Reihenfolge zu tun, mit der Anordnung. Steigern Sie sich zu einem Höhepunkt am Schluss!

Reden und schreiben Sie abwechslungsreich! Nichts ist langweiliger als ein fader Einheitsbrei. Bauen Sie überraschende Wörter ein – jje nach Zielgruppe können Sie Ihren Computer z. B. Schreibmaschine, Rechenkiste, Communicator, Roboter oder Blechdepp nennen.

Beim Sprechen kommt die Abwechslung durch die Betonung und – durch Pausen. Sie können lauter und leiser, schneller und langsamer, betonter und gleichgültiger reden. Sie müssen kein professioneller Rhetoriker sein, um dafür Anwendungsfälle zu finden. Wenn es Ihnen gelingt, den Verkäufer beim Schnäppchen für einen Preisnachlass zu gewinnen, hat es sich schon gelohnt.

Sprechen Sie lebendig – mit aktiver Sprache, mit Tätigkeitswörtern. „Der substantivische Nominalstil mit überdurchschnittlicher Häufigkeit im Gebrauch der Hauptwörter vermittelt nicht nur den Anschein einer unnötigen Komplexität, sondern er verliert auch noch die Lebendigkeit der Sprachführung, wie Sie es von oben kennen und gerade wieder erleben." So bitte nicht – lassen Sie Sprache leben!

Sprechen Sie die Einbildungskraft Ihres Zuhörers an – benutzen Sie Bilder, Vergleiche und Metaphern. Es war Nacht – stellen Sie sich vor, es ist kalt und finster, Sie sehen nur noch schwarz. Der Abstand ist fünf Zentimeter – so lang wie ein Streichholz. Das Wetter war schlecht – es goss wie aus Kübeln. Zeigen Sie den Leuten, was Sie erzählen. Benutzen Sie Salz- und Pfefferstreuer, um zwei Menschen darzustellen. Die Zigarettenpackung kann Ihr Auto sein, die Streichholzschachtel das Motorrad Ihres Unfallgegners. Sie fürchten, dass Sie übertreiben? Nehmen Sie lieber das Gegenteil an. Das Auge hört mit. Warum ist wohl Fernsehen beliebter als Radio?

Setzen Sie Ihre Körpersprache ein. Tatsache ist, dass die meisten Menschen ihre Körpersprache viel zu wenig zu Hilfe nehmen. Denken Sie einmal an einen Bekannten, dessen Reden Sie gerne zuhören und den Sie als guten Unterhalter schätzen. Achten Sie einmal auf seine Körpersprache!

Vielleicht haben Sie schon gemerkt, dass das Einfügen von Beispielen und interessanten Ergänzungen den Text länger macht. Das widerspricht doch der Forderung nach Kürze? Stimmt. Der Minimaltext ist, wie schon gesagt, knochentrocken, dürrer Telegrammstil. So können Sie nicht mit Leuten reden. Ein wenig „zusätzliche Stimulanz", wie es Schulz von Thun nannte, also ein bisschen zusätzliche Anregung, darf es schon sein. Für manche darf es auch ein bisschen mehr sein, wie beim Einkauf im Lebensmittelladen. Es kommt halt auf den Zuhörer an.

Sie können Ihre Beiträge nicht nur im Inhalt, sondern auch in der Gestaltung auf den Partner ausrichten. Lassen Sie ihn mitreden! Sie brauchen nicht alles selber sagen, Sie können auch fragen, was er schon weiß. Wer mitreden darf, findet ein Gespräch gleich viel interessanter. Oder etwa nicht? Und sprechen Sie Ihren Partner oder Ihre Partnerin direkt an, mit Namen. Jeder merkt auf, wenn sein Name genannt wird. Darauf sind wir schon von der Schule her trainiert. Je klarer Sie die Leute ansprechen, desto eher erhalten Sie eine Antwort, und desto eher entwickelt sich ein Gespräch.

Wie ist es – wollen Sie dieses Mal zusammenfassen?

Haben Sie auch richtig das Thema getroffen?

„Das Thema" ist schon eine verkürzte Darstellung. Welches Thema ist das Thema: Mein Thema, Dein Thema, unser Thema? stellen Sie sich vor, Sie fragen nach dem Weg zum Bahnhof, und der Angesprochene erzählt Ihnen, was er zu Mittag gegessen hat.

Aber wir brauchen gar nicht unbedingt zwei Leute, um zwei Themen auf den Tisch zu bringen. Oft reicht ein einziger Redner, der, wie man so schön sagt, vom „Hundertsten aufs Tausendste kommt" – und am Ende selbst nicht mehr weiß, womit er eigentlich begonnen hatte. Dabei hat er wunderschön die Möglichkeit, von einem auf das andere Thema zu kommen. *„Gestern hatten wir einen fantastisch guten Fisch zum Mittagessen. Ich hatte ihn ganz frisch beim Händler auf dem Markt gekauft... Weißt du, wen ich da getroffen habe? Manfred mit seiner neuen Freundin! Sie arbeitet im Kaufhaus. Das Kaufhaus soll übrigens umgebaut werden. Diese großen Läden haben einfach zu viel Geld...* " Wer weiß, vielleicht kommt unser Freund über das Geld und die Steuern auf die Einkaufspreise und auf seinen Fisch zurück, vielleicht aber auch nicht. Wenn Sie so mit jemand ein bestimmtes Thema besprechen wollen, dann brauchen Sie einen geduldigen Partner.

Ein Ehepartner überlegt laut, wohin die Familie in den Urlaub fahren könnte. Der andere antwortet mit einer Kostenrechnung, was denn die Familienkasse hergibt. Klar, beide reden über den Urlaub. Aber sie haben nicht das gleiche Thema: der eine will über den Ort reden, und der andere über die Finanzierung. Beide Themen gleichzeitig – das macht sich nicht so gut. Besser, die beiden einigen sich auf die Reihenfolge, was sie zuerst und was sie danach besprechen.

Im alltäglichen Smalltalk, wo es mehr um das Kennenlernen als um das Thema geht, mag dieser Punkt nicht so wichtig sein. Aber Leute, die in Prioritäten denken, nehmen ihn eigentlich immer ernst. Und erst recht im Beruf besteht natürlich die Gefahr, dass ein falsches Thema nur Zeit kostet und verschwendet.

Wann ist die Nachricht richtig?

Ob eine Nachricht inhaltlich richtig ist, hängt davon ab, ob Sie Tatsachen oder Meinungen berichten. Aussagen über Tatsachen sind richtig oder falsch, eindeutig überprüfbar, also beweisbar: Die Ampel zeigt grün. Das Auto ist rot. Herr Meier heißt mit Vornamen Robert. Überprüfbare Dinge kann jeder sehen, hören oder anfassen.

Und das ist der springende Punkt: Für den Hörer müssen die Fakten nachvollziehbar sein. Manchmal ist die Wahrheit so unglaubwürdig, dass sie niemand glaubt, obwohl sie stimmt. Früher hielten wir es in Westeuropa für unmöglich, dass man über glühende Kohlen gehen kann, ohne sich die Füße zu verbrennen. Keine Angst, Sie sollen es nicht ausprobieren. Schließlich wurde das Phänomen auch im Fernsehen untersucht. Dabei maßen die Spezialisten an den Füßen der Kohleläufer Temperaturen von etwa 60 Grad Celsius. Da ist ja eine Sauna heißer. Für viele war nun nachvollziehbar, dass sich bei dieser Aktion wirklich niemand die Füße verbrennen muss (Man kann es natürlich trotzdem, wenn man z. B. zu lange stehen bleibt.) Wer eine leicht zu prüfende Wahrheit nicht anerkennen will, ist nicht mehr in einem normalen Gespräch, sondern eindeutig schon in einem Streit. Aber das sprengt an dieser Stelle den Rahmen und gehört deshalb in ein anderes Buch.

Anders, wenn es um Meinungen geht. Meinungen sind eben sehr persönlich und subjektiv, deshalb nicht überprüfbar und auch nicht immer nachvollziehbar. Bei Meinungen sind wir einfach darauf angewiesen, dass der Sprecher seine Meinung wahrheitsgemäß ausgedrückt hat. Sie können sie mehr oder weniger teilen, Sie können sie vertreten oder auch nicht, Sie können sie vielleicht begründen – aber nicht beweisen. Es gibt nur einen Fakt: Wenn jemand seine Meinung sagt, können Sie zweifelsfrei festhalten, was er gesagt hat. Und was er damit meint? Erinnern Sie sich an unser Eingangskapitel – wir können nicht immer alles vollständig formulieren, was wir meinen. Eine Unschärfe bleibt immer – das gilt vor allem für Meinungen. Es bringt nichts, darüber zu streiten.

Der Vollständigkeit halber...

Den letzten Punkt zur positiven Information bildet der Vollständigkeit halber die Vollständigkeit. Der Weg zum Bahnhof ist vollständig beschrieben, wenn der so Unterrichtete den Bahnhof findet. Ihre Uhr – siehe oben – ist in der Regel mit den Kriterien Marke, Typ, Inschriften, Besonderheiten hinreichend beschrieben. Für Ihr Auto genügt in der Regel das Kennzeichen: es gibt nur ein RO-M-751. Dass es sich dabei um einen Typ X der Marke Y, Farbe blau, Baujahr 1998 handelt, erleichtert vielleicht das Wiederfinden auf dem Parkplatz. Sie merken, das Kriterium „vollständig" ist gar nicht so ohne. Um es brauchbar zu fassen, sollten Sie die Person des Zuhörers mit bedenken: Welche Informationen braucht der Partner, damit sie für ihn vollständig sind?

Am Morgen las ich in unserer lokalen Zeitung einen Bericht über die bayerischen Meisterschaften der Leichtathleten: „Endlich qualifizierte sich wieder ein Wasserburger Springer für einen Endlauf bei einer bayerischen Meisterschaft. Der 21-jährige F.A., Physikstudent aus E." – die Namen, die ich hier abkürze, waren in dem Zeitungsbericht natürlich genannt –, „wurde im Endlauf Achter." Da saß ich nun: Was ist überhaupt das Thema? Einerseits Springer, andererseits Endlauf – eins von beiden muss ja wohl falsch sein. Und ein Wasserburger aus E.? Ich wusste weder die Disziplin, noch die konkrete Leistung in Meter oder Sekunden, auch der Sieger des Wettbewerbs ist nicht genannt. Vollständig war diese Nachricht auf keinen Fall. Statt dessen konnte ich philosophieren, was das Physikstudium zu dem Ergebnis beigetragen hatte.

Wie ordnen Sie nun am besten die „Positiv"-Faktoren?

Damit sind wir wieder beim Kernpunkt der Kommunikation angelangt. Auch für die sachliche Information ist die Empfängerorientierung das zentrale Kriterium. Wenn Sie mit einem Japaner Bayrisch reden und er versteht es nicht, dann nutzt es Ihnen gar nichts, wenn Sie inhaltlich Recht haben.

Fassen wir dieses Kapitel mit einer klaren Rangreihe der sieben Faktoren zusammen:

Die Empfänger-Orientierung ist die Basis für alle anderen. Sie äußert sich daran, dass die Botschaft für den anderen wichtig und interessant ist. Nur was die Bedürfnisse des Empfängers trifft, kommt auch wirklich an.

Themenbezogen, inhaltlich richtig und vollständig sollten Ihre Beiträge deshalb sein, weil davon der sachliche Erfolg des Gesprächs abhängt. Diese Kriterien wirken nicht immer sofort, aber nachhaltig. Was im Einzelfall vollständig ist, d. h. ohne weitere Informationen hinreichend, oder richtig, also zweifelsfrei nachvollziehbar, das hängt von der Situation und – wie gesagt – vom Empfänger ab.

Die **Verständlichkeit** (P,O,S,I) wirkt unmittelbar. Sie ist der „Türöffner" und hält während des Gesprächs den Partner im Kontakt. Die Priorität der einzelnen Faktoren ist wiederum vom Zuhörer abhängig. Aber Vorsicht: Es ist nachgewiesen, dass selbst Fachleute mit einfachen Texten, die ihnen nicht gefallen (weil zu simpel), besser zurechtkommen als mit Fachchinesisch. Das gefällt ihnen zwar besser, führt aber zu Fehlern.

Auch für geschriebene Texte gelten diese Zusammenhänge. Für eine professionelle Anwendung können Sie sogar ein spezifisches Zielprofil der POSI-Faktoren erstellen: Soll der Text besonders kurz sein („Telegrammstil"), besonders klar geordnet (z. B. Vorgehen bei einer Gebrauchsanweisung), oder besonders anregend und interessant (z.B. Werbetexte)? Die ausführliche Behandlung bleibt den professionellen Fachbüchern und Seminaren überlassen. An dieser Stelle ist wohl der Hinweis am wichtigsten, dass es keine allgemein gültige „beste Lösung für alle Zwecke" gibt. Es ist schon ein guter Anfang, wenn Sie sich bei einem Kriterium verbessern.

Sie können mit dem folgenden kurzen Test herausfinden, wie gut Sie dieses Kapitel verstanden haben . Merken Sie mit den

Buchstaben P, O, I usw. an, wie der jeweils genannte Punkt zur Verständlichkeit beiträgt: Machen Sie „+“ für steigert, und „–“ für vermindert,. Die Auflösung steht im Anhang 1 auf Seite. 158.

Test	**P**	**O**	**S**	**I**	**T**	**I**	**V**
Wichtige Punkte sind betont							
alles geht durcheinander							
kein überflüssiges Wort							
langweilig							
kurze Beispiele							
direkte Rede							
der Reihe nach							
viele Fachausdrücke							
Füllwörter und Weichmacher							
Vergleiche							
sehr abstrakt							
der rote Faden ist klar							
das hätte kürzer sein können							
bleibt beim Thema							
viele Nebensätze							
manches ist überflüssig							
alles Notwendige ist gesagt							
Zusammenhang erkennbar							
verflochtene Satzgefüge							
Gegenbeispiele sind bekannt							

4. Persönliche Botschaften

Wer hat sie nicht in seiner Kindheit gehört, die guten Ratschläge und ewigen Wahrheiten der Opas und Omas, Tanten und Onkel? Und auch die Eltern haben heftig mitgespielt. „Das tut man nicht“, „Es gehört sich nicht...“, „So ist das nun mal“, und was an weiteren Lebensweisheiten noch so zu haben ist. Dass man damit nicht ohne weiteres gute Gespräche beginnen kann, haben schon viele zu ihrem Leidwesen erfahren müssen. Man müsste nur wissen, wie – schließlich sind viele dieser Weisheiten doch auch irgendwie richtig, oder nicht? Und wir wollen ja unsere Kinder nicht unrealistisch erziehen, sie sollen doch tauglich werden für das normale Alltagsleben!

Wer ist denn hier eigentlich gemeint?

Tja, da bin ich schon selber darauf eingestiegen, auf den unpersönlichen „Man"-Stil. Immer wenn etwas begründet werden soll, wenn eine Regel gilt, sind der Herr „Man" und das unpersönlichere „Es" hauptsächlich daran beteiligt. Aber wenn Sie hinterfragen, wer das denn verlangt, dann ernten Sie am ehesten Antworten vom Typ „Es ist schon immer so gewesen" oder „Wo kämen wir denn da hin", also haben „Es" und „Wir" schon wieder recht. Kinder hören dann auch schon mal das direkte Verbot „Frag nicht so frech", was sie dann im späteren Alter bewegt, sich dieses Buch zu beschaffen und das vierte Kapitel sehr interessiert durchzuarbeiten...

Wer ist „man"?

Wenn Sie sich in den Fällen selbst einmal fragen, wer typischen Sätzen mit „Man" gemeint ist, dann werden Sie ganz oft recht einfach zu einer Lösung finden, wenn Sie die Selbstdarstellung und den Appell prüfen. „Das kann man doch nicht machen" heißt in den allermeisten Fällen „Das kann (oder will) ich doch nicht machen" – der Sprecher meint sich selbst. Und in den restlichen Fällen dürften Sie mit der Interpretation „Hör bitte sofort auf" richtig liegen, der Sprecher meint Sie damit. Die wenigen Fälle, in denen mit „man" wirklich die Mehrheit der Bevölkerung gemeint ist, können Sie getrost erst einmal vernachlässigen. Mit dem „Lass das" werden wir uns später auseinandersetzen. Hier geht es (Wem? Ihnen? Mir? Uns?) erst einmal um das versteckte „Ich".

Das vierte, was Sie als guter Gesprächspartner verlernen sollten, ist sich in Ihren Beiträgen so zu verstecken, dass sie keiner darin findet.

Warum ist dauernd von Herrn „Man" die Rede, wieso ist „Es" die offenbar weitaus aktivste Person unserer Zeit, besonders, wenn etwas schiefgegangen ist? Diese Fragen sind nicht leicht zu beantworten. Für manche ist der Schutz der Masse eine gute Gelegenheit, sich hinter oder zwischen anderen zu verstecken und im Zweifelsfall das Hintertürchen offen zu halten: „Ach, ich selbst doch gar nicht so sehr, das sind doch eigentlich mehr die anderen...". Natürlich verschleiern wir damit auch , dass wir schon von uns selber reden, ohne es offen zuzugestehen. Es ist ja auch so bequem und sicher, in der großen Masse versteckt zu bleiben und nicht auf Anhieb erkennbar zu sein... Aber warum soll das eigentlich problematisch sein? Nun – es hat eben auch seinen Preis. Die Aussage ist weniger persönlich und weniger direkt, sie ist also auch weniger lebendig und mehr verwässert oder vernebelt.

Wer ist „Wir"?

In der Politik und der Wirtschaft ist es ja oft so, dass ein Ergebnis nicht aus der Leistung eines Einzelnen, sondern aus einem ganzen Team resultiert. Da ist es dann durchaus angemessen, in der Regel per „Wir" zu formulieren. Wenn der Bundeskanzler also „wir" sagt, meint er sich mit (hoffentlich vielen) seiner Regierungsmitglieder. Dass dabei auch noch der alte „Plural majestatis" unserer Kaiser und Fürsten mit schwingt, ist weder Zufall noch Absicht. Oder? Zum andern ist es die Tradition einer gewissen Bescheidenheit bei den Schreibern. Bei wissenschaftlichen Veröffentlichungen ist es zugunsten einer scheinbaren Objektivität geradewegs verpönt, „Ich" zu sagen oder zu schreiben. Die Autoren reden und sprechen von sich selber in der dritten Person. Ob dadurch der Inhalt wirklich objektiver wird? Aber „Wir" haben also durchaus ehrenwerte Vorbilder, wenn wir diesen Stil benutzen.

Das pseudo-soziale „Wir".verführt auch heute noch manchen Mächtigen und Möchtegern-Mächtigen dazu, seine Meinung ungefragt als die von vielen auszugeben und sich gewissermaßen in der Mehrheit zu fühlen. Doch auch das Gegenteil ist der Fall. Störend wird es auch, wenn Einzelne ihre persönlichen Meinungen, Vorschläge und Entscheidungen hinter diesem „Wir" verstecken und den Partner ungefragt mit einbeziehen: *„Wir wollen uns doch nicht streiten"oder – „Wir sollten doch sachlich bleiben..."*

Wenn ich aber nicht sachlich bleiben möchte, sondern offen meine Gefühle aussprechen und zeigen will, dann werde ich hier unversehens manipuliert. Der Sprecher tut so, als wäre ich auch bei diesem „Wir" dabei. Das stimmt aber nur dann, wenn ich vorher gefragt worden wäre und zugestimmt hätte. Diese Bedingung ist allerdings so gut wie nie erfüllt! Wollen „Wir" – also Sie und ich – vielleicht einmal darauf achten, wen „Wir" wirklich meinen, wenn wir „Wir" sagen?

Die Gretchenfrage bei der Verwendung von „Wir" ist, ob ich den angesprochenen Partner dabei einschließe oder ausschließe.

„Wir wollen noch einen trinken gehen ...“
Wenn Sie vorher klären wollen, wer alles dabei ist, dann tun Sie das auch sprachlich:

- *„Ich möchte noch einen trinken – gehst du mit?“*
- *„Was hältst du davon, wenn wir noch einen trinken gehn?“*
- *„Was machen wir jetzt – vielleicht einen trinken, was meinst du?“*

Lernen Sie doch einfach, wieder ganz offen „Ich“ zu sagen, wenn Sie sich meinen! Wenn Sie an dieser Stelle jetzt Angst bekommen haben: „Dann rede ich ja immer von mir, das ist doch nicht höflich,“ dann fußt diese Angst auf zwei unausgesprochenen Vorannahmen:

1. Sie reden wirklich zu viel von sich. – Na schön, wenn Sie das erkannt haben, können Sie es endlich ändern und mal mit anderen reden. Und wenn die Annahme nicht zutrifft, ist ja alles in Ordnung.

2. Sie glauben oder hoffen, wenn Sie per „Man“ reden, merken die anderen nicht, dass Sie von sich reden. – Das ist aber eher unwahrscheinlich. Auch wenn es die anderen nicht bewusst wahrnehmen: Die Wirkung kommt trotzdem rüber. Wer aber in der Lage ist, „Ich“ zu sagen, merkt auch zunehmend selbst, wenn er von sich redet und kann das auf das richtige Maß begrenzen.

Auch frau darf „Ich“ sagen

Eine klassische Situation für die „Ich-Vermeidung“ ist die Art und Weise, wie Frauen ihre Wünsche anmelden. Die amerikanische Sprachforscherin Deborah Tannen beschreibt, dass Frauen z. B. ihren Wunsch nach einer Tasse Kaffee damit anmelden, dass sie ihre Partnerin fragen, ob sie einen Kaffee möchte. Die Partnerin wird mit „ja“ oder „nein“ antworten – und dann zurück fragen, ob denn nicht die Sprecherin etwas trinken wolle. Diese kann die gestellte Frage nun guten Gewissens bejahen und kommt damit zu ihrem Kaffee. Durch die Erziehung der

Frauen, die Kommunikation vor allem beziehungsorientiert vermittelt, ist diese Klärung vorprogrammiert.

Ganz anders entwickelt sich die Situation, wenn unsere Kaffeetrinkerin in spe einen männlichen Gesprächspartner fragt (der Tannen nicht gelesen hat). Er wird zwar auch mit „ja" oder „nein" antworten. Dann ist die Sache für ihn geklärt – er hat auf eine klare Frage eine ebenso klare Auskunft erteilt. Für seine Gesprächspartnerin aber entsteht eine ungemütliche Situation. Sie müsste nun ungefragt ihr Kaffeeinteresse ansprechen. Genau das wollte sie aber vermeiden. Und außerdem ist der Partner offensichtlich egoistisch, weil er nur an sich denkt und die Frage nicht zurückgegeben hat. Lässt sich diese verfahrene Situation noch retten? Vielleicht ja, aber es ist nicht ganz einfach.

Liebe Leserin, glauben Sie es Ihrem Partner, Mann, Freund: Es ist wirklich nicht Mangel an Zuneigung oder an gutem Willen, wenn er Sie nicht zurückfragt. Er ist einfach betriebsblind – er denkt zu sachlich. Und es würde ihm auch gar nichts ausmachen, wenn Sie offen sagen „Ich möchte auch was". Er würde das völlig normal finden und gerne – ganz Kavalier – Ihnen den Gefallen tun.

Und, lieber Leser, Ihre Frau, Partnerin, Freundin ist weder umständlich, noch mutet sie Ihnen zu, dass Sie Gedanken lesen können. Sie möchte sich nur gerne bestätigen lassen, dass Sie immer noch gerne an sie denken und sie lieben. Also gewöhnen Sie sich einfach an, zurückzufragen: „...und Du?" Das kann nicht jeden Rosenstrauß ersetzen, aber es ist einfacher, billiger – und Sie können es viel häufiger nutzen.

Und wenn Sie an der Kommunikation zwischen den Geschlechtern statt Geschlechterkampf interessiert sind, lesen Sie die beiden Bücher von Deborah Tannen. Sie eignen sich hervorragend als Aufbau für Ihre Gesprächsfähigkeiten. Manche Paare schaffen es auch ganz alleine, ohne Ratgeber und Literatur. Als ich in einem Seminar diese Beispiele vortrug, antwortete ein Teilnehmer ganz engagiert: *„Ich weiß, ich weiß –*

wenn meine Frau mich beim Auto fahren fragt, ob ich eine Tasse Kaffee trinken möchte, so weiß ich inzwischen, das heißt, sie möchte auf eine Toilette und ich soll anhalten. Und jetzt habe ich verstanden, warum das so ist!"

Wer sich noch nicht so eindeutige Übersetzungen zu eigen gemacht hat, kann sich mit den bisher bekannten Tugenden weiterhelfen: mit den Gesprächsförderern „aktiv zuhören" und „offen fragen".

Und der in manchen Kreisen gestartete Versuch, zur Emanzipation das „frau" dem „man" gleichzustellen, ist deshalb ein Schritt in die verkehrte Richtung. Wenn man oder frau wirklich emanzipiert ist, kann sie wie er einfach „Ich" sagen. Dieses persönliche Fürwort ist sogar in der deutschen Sprache nicht geschlechtsspezifisch und kann von allen völlig unbedenklich genutzt werden.

Kalter Kaffee, aufgewärmt

Ein drittes Hindernis für die offene und direkte Kommunikation ist das Aufwärmen von kaltem Kaffee und Handeln mit ollen Kamellen. „Nichts ist älter als die Zeitung von gestern", sagen die Journalisten. Natürlich ist es schön, wenn Sie gemeinsam mit Freunden in den Erinnerungen an die gute alte Zeit schwelgen, und mache Enkel lauschen ganz gespannt, wenn der Opa noch aus der Zeit vor dem Krieg berichten kann. Das geht immer dann gut, wenn beide sich für diese Zeit, die Personen und die Geschehnisse gleichermaßen interessieren. Das geht sicher dann nicht mehr gut, wenn Sie alte Vorwürfe wiederbeleben: *„Wie oft hab ich dir das eigentlich schon gesagt?"*, wenn Sie Ihre Partner an Fehler erinnern, die sie schon längst wieder vergessen haben: *„Damals, 1976 auf der Party von Veronika, hast du auch schon mal...!"* Wenn Sie mit akribischer Genauigkeit an den unangenehmen Seiten der Vergangenheit hängen bleiben, statt sich auf die Möglichkeiten der Gegenwart hin zu orientieren, werden Sie das Gespräch damit nicht positiv fördern.

Ähnliches gilt auch für Vordenker, die mit ihren Gedanken immer weit in der Zukunft sind. Wohlgemerkt – nichts gegen intelligente Diskussionen und Visionen über die Zukunft! Unter interessierten Partnern können sie zu den lebendigsten und lohnendsten Gesprächen zählen. Aber dazu gehören zwei.

Kleiner Tipp zum Üben: Machen Sie sich erst mal daran, lebendige, aktuelle Gespräche zu interessanten Themen der Gegenwart zu führen, die auch ihre Partner interessieren. Und wenn andere Ihre Zeitreisen in die tiefe Vergangenheit und in eine drohende oder verlockende Zukunft antreten, können Sie sich ja entscheiden, ob Sie auch mitreisen und sich lebhaft beteiligen wollen, ob Sie mal wieder aktives Zuhören üben oder lieber was anderes.

Ja, wen meinen Sie denn?

Eine ebenso fragwürdige Taktik beim Reden besteht darin, dass Sie gar nicht sagen, wen Sie ansprechen wollen. „Aus gegebenem Anlass weisen wir darauf hin..." Wen eigentlich? Jeden Leser? Vielleicht wissen gar nicht alle, was der gegebene Anlass war. Und wenn Sie es wissen, ist diese unpersönliche Ansprache eine große Unterstützung dabei, sich nicht gemeint zu fühlen. Also reden Sie die Leute, die Sie ansprechen wollen, doch einfach auch direkt an! „Sagen Sie bitte", „Erklären Sie mir einmal", „Darf ich Sie auf etwas aufmerksam machen...". Oft ist es hilfreich für den Partner, wenn Sie ihm erklären, warum Sie ausgerechnet ihn fragen. „Sie waren doch gestern in der Konferenz dabei – können Sie mir bitte sagen..." Je gezielter Sie jemand ansprechen, desto leichter kommen Sie in ein Gespräch. Raucher sind da in der Regel ganz gut geübt – sie haben schon tausendmal gefragt: „Darf ich Sie mal um Feuer bitten?"

Die direkte Ansprache „Sie" ist allemal interessanter als ein unpersönliches „Man" oder „Viele". Es ist auch interessanter, als wenn wir dauernd von uns reden. Das kennen Sie schon aus dem letzten Kapitel. Natürlich wird jemand aufhorchen, wenn Sie ihn mit „He, Sie!" anrufen. Aber das ist nicht unbedingt der beste Einstieg in einen erfreulichen Kontakt. Viele Kellner kennen das aus leidvoller Erfahrung. Hier gibt es ein wesentlich hilfreicheres Mittel: Sprechen Sie die Leute mit Ihrem Namen an! Mit seinem Namen identifiziert sich jeder. Wenn Ihr Name fällt, hören auch Sie besonders genau zu – oder etwa nicht? Wir alle sind aus unserer Schulzeit bestens darauf trainiert

Vielleicht ist Ihnen bei diesen Formulierungen oben noch etwas anderes aufgefallen: Die direkten Ansprachen und Bitten sind meist mit einer „Ich-Botschaft" eingeleitet. Was ist das? Eine Ich-Botschaft ist einfach eine Aussage über sich, eine ganz direkte Selbstoffenbarung. Sie sagen einfach, was Sie möchten, denken, fühlen. Sie wissen aus dem Einleitungskapitel, dass auch eine solche Botschaft Informations- und Beziehungsaspekte enthält. Aber der offene Ausdruck steht völlig im Vordergrund. Das kommt beim Partner am besten an, wenn Sie daraus keinerlei Forderungen an ihn ableiten. Wenn Sie daraus ein „Ich möchte, dass du...." machen, kommt noch etwas ganz anderes ins Spiel. Schauen wir uns das einmal genauer an.

„Ich möchte, dass du losfährst" hat ein Trainer in einem Fachartikel als Selbstoffenbarung eingestuft. Sie stutzen? Mit Recht. In dieser Formulierung ist ein sehr starker Appell dabei: Der andere soll losfahren. „Ich möchte, dass du mit mir ins Kino gehst" ist genau so ein Zwitter. Zum einen deutet der Sprecher eine Selbstoffenbarung an: „Ich möchte...", aber dann entpuppt sich die Botschaft als direkter Wunsch an einen anderen, der bitteschön etwas machen soll: „...ins Kino gehst". Der Appell steht ganz gewichtig im Vordergrund. Denn das ist ja genau das Wesen des Wunsches, dass jemand ihn bitte erfüllen soll. Der Inhalt der Selbstdarstellung, dass und wozu und warum mit dir, ist völlig ausgelassen. Leider hat sich dieser Sprachstil in den letzten Jahre in die Pädagogik eingeschlichen, belesene Eltern probieren es mit „Ich möchte, dass du dein Zimmer aufräumst!" Der offene Druck wird durch den psychologischen Druck ersetzt. Das ist um keinen Deut besser. Offenheit bedeutet hier, dass Sie die beiden Aspekte einfach trennen: „Ich möchte heute einen ruhigen, gemütlichen Tag haben. Bitte räum dein Zimmer selber auf". Das schafft klare Verhältnisse. Ich sage, was ich mag, und bitte den anderen offen, wenn ich etwas von ihm möchte. „Ich möchte heute Abend ins Kino gehen. Ich würde mich freuen, wenn du mitkommst. Was möchtest du denn?" leitet ein offenes Gespräch über die abendlichen Pläne wesentlich partnerschaftlicher ein.

Noch ein weiteres Element unserer Sprache ist in diesem Beispiel eingesetzt. Wir können darüber reden, was wir tun. Das ist relativ einfach. Wir können darüber reden, wie wir sind. Das ist schwerer, und wenn es darum geht, wie der andere ist, dann ist es sogar unmöglich. Woher wollen wir wissen, wie der andere wirklich ist? Das können sogar professionelle Psychologen nur äußerst unzureichend erhellen. Und wenn wir unseren Partnern mit diesen selbstgestrickten Diagnosen auf den Leib rücken, sind wir mitten in den wirksamsten Gesprächsstörern: Kritik, Interpretation, Urteile –. Tun Sie das bitte nicht.

Direkt muss nicht direktiv sein

Wenn Ihnen dieser Rat zu direktiv ist, sind wir wieder beim Thema. Wir können auch darüber reden, was wir tun wollen, können oder müssen. Das sagt noch nicht, was wir wirklich tun. Selbst wenn wir uns fest vornehmen, was wir auf alle Fälle tun werden, kommt der ganz andere Fall dazwischen, dass wir z. B. im Krankenhaus liegen und einfach nicht können. Hier wird der Unterschied zwischen echten Tätigkeitswörtern und Hilfszeitwörtern deutlich. Wenn ich rede, rede ich. Wenn ich reden kann, dann ist das eine Fähigkeit, die ich aber nicht immer ununterbrochen einsetzen muss. Mein Lieblingsbeispiel: Ich kann sehr gut Geschirr spülen. Da wir zu Hause einen guten Geschirrspülautomaten haben, brauche ich diese Fähigkeit zu meinem Glück nur ganz selten wirklich einzusetzen. Ich spüle fast nie.

Die wichtigste Form dieser Doch-nicht-ganz-Verben finden Sie im Hilfsverb der Notwendigkeit: müssen. Sie müssen jetzt zugeben: das hat uns gerade noch gefehlt. Wer befiehlt wem, dass er müsse? Welche Not soll in der Notwendigkeit gewendet werden, von wem, und in welcher Weise? Fragen über Fragen. „Ich muss" klingt so eindeutig – und doch verschleiert es eine Fülle der wesentlichen Information. Fallen Sie darauf nicht mehr herein.

Hilfsverben können aber, wie ihr Name verspricht, ganz hilfreich sein. Sie können damit Ihre Botschaften gewissermaßen „dosieren".

Auch für die Abstufung der direkten Ansprache leisten die Hilfsverben hervorragende Hilfsdienste. In vielen Büchern, die in den 60er und 70er Jahren geschrieben wurden, wurde vor dem Gebrauch einer direkten Du-Ansprache eher gewarnt. Diese Warnung ist zum Teil berechtigt, weil viele Gesprächsstörer eben mit dem „Du!" in Gespräche eingeschleppt werden. In der Praxis sind viele Du-Ansprachen eine freundlich formulierte Variante des Vorwurfs „Du Depp!". Aber das muss nicht so sein. Hier kommt es auf den Inhalt der Botschaft an. Die Ansprache „Du" kann viele Botschaften transportieren – du lieber Freund, du fleißiger Kollege, du interessanter Mensch. Und für den Inhalt ist auch mitentscheidend, ob Sie den ganzen Mensch, seine Eigenschaften oder eine konkrete Verhaltensweise ansprechen. Das gilt besonders, wenn der Inhalt für den Angesprochenen wichtig ist. Wenn jemand offene Schnürsenkel hat, können Sie sicher sein, dass der Hinweis „Ihre Schnürsenkel sind offen" weniger auf Ablehnung stößt als etwa „Sie sind aber schlampig" oder gar „Sie alter Schlamper, Sie!"

Diese Unterscheidung zwischen Person und Verhalten ist auch wichtig für den Einsatz der Hilfsverben. Wenn Sie Verhalten ansprechen, können Sie damit die Du-Ansprache genauso dosieren wie eine Ich-Botschaft. „Möchten Sie wissen" klingt verbindlicher als „Wissen Sie eigentlich", „Sie können auch später kommen" ist weniger direktiv als „Kommen Sie doch bitte später". Sie können direkt und offen bleiben, ohne aus jedem Hinweis einen Angriff zu machen. Ein Hinweis auf offene Schnürsenkel kann den anderen vor gefährlichen Stolperern und Stürzen schützen, und er muss nicht gleich eine Verurteilung der ganzen Person werden.

Pro und kontra Weichmacher

Ein weit verbreitetes Mittel, das der Verschleierung einer direkten Botschaft dient, sind die so genannten „Weichmacher"-Wörter. Vielleicht möchten Sie sich diese Wörter im großen Ganzen mal so ein bisschen anschauen? Eigentlich schon geschehen. Im letzten Satz waren einige drin: Vielleicht, bisschen, mal, im großen Ganzen, eigentlich. Natürlich können Sie diese Wörter auch sinnvoll einsetzen, nämlich dann, wenn Sie eine gewisse Unschärfe ihrer Formulierung bewusst betonen wollen. Sie sollten es aber nicht übertreiben: „Vielleicht möchten Sie diese Wörter mal genauer anschauen?" wäre oben sicher besser gewesen. Die Hilfsverben wirken ja auch ähnlich wie Weichmacher. Und dass Sie die an den richtigen Stellen gut brauchen können, das haben Sie ja schon gemerkt. Weichmacher sind dann unsinnig, wenn Sie eine klare Botschaft geben wollen. „Wenn man sagt, dass man einer Sache grundsätzlich zustimmt, so bedeutet es, dass man nicht die geringste Absicht hat, sie in der Praxis durchzuführen", hat Otto von Bismarck einmal formuliert. Vergleichen Sie seine Aussage auch mit Ihren Erfahrungen. Was halten Sie von den folgenden Beispielen: „Vielleicht genau in der Mitte", „ein bisschen viel mehr", – was denn nun: genau in der Mitte oder vielleicht auch nicht, viel mehr oder vielleicht eigentlich doch nur ein bisschen? Sie sehen, hier passen die Weicheier überhaupt nicht. Verwenden Sie sie bitte sparsam und vorsichtig, nur an den geeigneten Stellen. Im Zweifelsfall überlassen Sie es der klassischen Einkaufssituation: „Darf's vielleicht ein bisschen mehr sein?" Nein danke, hier nicht.

**Das vierte,
was Sie als guter Gesprächspartner lernen sollten,
ist offen und direkt sprechen.**

Über einen Punkt haben wir jetzt noch gar nicht gesprochen; vielleicht auch deswegen, weil der in einem Buch gar nicht so einfach zu besprechen ist. Es geht nämlich darum, was bei dem Sprechen zu hören und zu sehen ist. „Der Ton macht die Musik", sagt der Volksmund. Auch wenn er nicht immer Recht hat, hier stimmt es wirklich, im wahrsten Sinne des Wortes. Die Wirkung unserer Botschaft ist in hohem Maße abhängig von der Stimme, und die Stimme wiederum hängt zu einem guten Teil ab von unserer Körperhaltung und unserer Bewegung.

Körpersprache

Die Körpersprache ist ein Phänomen, das viele Menschen interessiert – und jeden betrifft. „Nonverbale Kommunikation" macht den wesentlichsten Teil unserer Gespräche aus. Sogar wenn wir nicht sprechen, ist die Körpersprache aktiv. „Wir können nicht nicht kommunizieren", formuliert Paul Watzlawik, der Altmeister der psychologischen Kommunikationsforschung. Und im Gespräch kommentiert die Körpersprache als Begleitinformation, was gesprochen wird, und wie das Gesprochene gemeint ist. Haltung, Gestik, Mimik und Phonetik sind wichtige Mittel zum Ausdruck, zur Selbstdarstellung.

Das Interesse an der Körpersprache ist leicht zu verstehen. Sie ist nämlich weitgehend unbewusst und deshalb auch viel ehrlicher als das gesprochene Wort. Der Körper kann nicht „lügen". Deshalb erhofft sich jeder aus der Körpersprache Aufschlüsse auf all das, was der Partner nicht sagt. Der Klassiker,

„Körpersprache" von Julius Fast hat denn auch den vielversprechenden Untertitel „Das Verhalten des Körpers verrät das Wesen des Menschen". Die Chance, dass der Partner sich in seiner Körpersprache „verrät", besteht in der Tat. Körpersprachliche Zeichen, wenn man sie denn richtig zu deuten vermag, wären durchaus als zusätzliche Information zu nutzen.

Diese Voraussetzung ist aber nicht ohne weiteres zu erfüllen. Das sichere Deuten von Körpersprache ist gar nicht so einfach, und auch Fachleute haben es nicht in wenigen Tagen oder Monaten gelernt. Dabei gibt es einige wesentliche Regeln zu beachten.

Jedes körpersprachliche Signal ist vieldeutig.
Jede Interpretation, die Sie vornehmen, kann falsch sein. Es gibt kein eindeutiges „Wörterbuch". Die Ausdrucksforschung, die sich damit wissenschaftlich beschäftigt, hat mangels Erfolg im Augenblick keinen großen Zuspruch. Vera Birkenbihl, eine bekannte Kollegin, übersetzt „Interpretation" in diesem Zusammenhang mit „Herumraten". Und wenn Sie schon herumraten, sollten Sie wenigstens auch testen, ob ihre Interpretation plausibel ist. Dazu hilft der nächste Punkt.

Jedes Signal ist im Zusammenhang zu sehen.
Da ist zunächst der persönliche Zusammenhang am wichtigsten. Was ist der persönliche Stil des Sprechers, was tut er sonst in ähnlichen Situationen? Nur vor der Kenntnis des persönlichen Hintergrunds ist eine Interpretation sinnvoll. Eine Sprechgeschwindigkeit von drei Silben pro Sekunde mag für einen Schnellsprecher durchaus langsam sein, kann aber für einen Bedächtigen einen wahren Wortschwall bedeuten. Ohne ein solches „Kalibrieren", das „Eichen" auf die Norm des Betreffenden, ist jede Interpretation ein Glücksspiel, eben Herumraten.

Als nächstes beachten Sie den situativen Zusammenhang. Ein Ruf, der im Konferenzsaal durchaus laut wäre, ist im Gelärme des Fußballstadions kaum zu hören. Dennoch wäre es unsinnig, alle lauten Fußballfans als Schreihälse zu verurteilen. Die meisten wissen durchaus, dass sie im Fußballstadion sind und nicht im Konferenzsaal. Wer das nicht merkt – sein Problem.

Schließlich spielen noch die begleitenden Informationen eine Rolle. Jedes Signal ist erst einmal nur einzelnes Signal. Was signalisiert der Sprecher noch? Haben wir es mit einem einzigen Signal zu tun, oder kommt es immer wieder? Wie wird es angeboten, kommt es spontan oder als Reaktion? Aber da lauert schon der nächste Fehler.

Auslöser für körpersprachliche Reaktionen sind nicht direkt beobachtbar.
Nicht jeder Ausdruck ist Antwort auf das, was wir glauben – und schon gar nicht immer eine Reaktion auf uns. Genauso gut können sich die Reaktionen des Partners auf andere Wahrnehmungen beziehen, auf innere Vorgänge wie Erinnerungen, Gedanken, Gefühle. „Immer meint die Katz, man wollt' mit ihr spielen – so wie der Katz geht's vielen", reimt Erich Kästner.

Haltung ist wichtiger als Mimik, Mimik wichtiger als Gestik
Jeder plötzlichen Veränderung der äußeren Haltung entspricht eine Änderung der inneren Haltung – fragt sich nur, welche! Mimik ist zwar bewusst einsetzbar, aber nicht so stark „gelernt" wie die Gestik, die durch die kulturelle und soziale Umwelt geprägt ist. Vergleichen Sie einmal einen Engländer und einen Sizilianer, dann wissen Sie, was gemeint ist.

Nachdem ich Ihnen die Lust am Interpretieren hoffentlich etwas verdorben habe, kommt jetzt die tröstliche Botschaft: Weil das alles so ist, gestaltet sich die bewusste, analytische Deutung so schwierig. Aber jeder gesunde Mensch hat eine andere Möglichkeit, komplexe Zusammenhänge auf eine einfachere Weise zu verstehen: durch seine Intuition. Wenn Sie kein Vorurteil zu fürchten haben, genügt es durchaus, wenn Sie sich auf ihre Intuition verlassen, darauf, ob Ihnen Unstimmigkeiten oder Ungereimtheiten auffallen. Sie müssen gar nicht ausführlich interpretieren, was das zu bedeuten hat – es genügt, zu merken, dass Sie eine Unstimmigkeit wahrgenommen haben. An dieser Stelle will ich deshalb gar nicht weiter darauf eingehen, wie Sie welche körpersprachlichen Signale genau erkennen und deuten. Erstens gibt es dazu schon viele andere Bücher –leider nicht genügend gute. Zweitens ist es gar nicht so einfach, bewußt die richtige Deutung zu finden, wie Sie gerade gelesen haben. Und ein anderer, noch wichtigerer Aspekt der Körpersprache wird im Kapitel sechs zu behandeln sein.

Aber auch wenn man die Sprache des Körpers nicht bewusst deutet, so macht sie doch einen merklichen Eindruck. Sie entspringt unserem unmittelbaren Ausdrucksverhalten, deshalb ist sie für den Selbstoffenbarungs-Aspekt fast noch wichtiger als die Sprache unserer Worte. Und sie hinterlässt eine bestimmte Wirkung. Dieser Wirkung, die schon im berühmten „ersten Eindruck" zutage tritt, können die meisten Partner sich gar nicht entziehen.

Stimmt's?

Zum einen ist die Körpersprache hervorragend geeignet, um alles Gesagte zu betonen, zu unterstreichen und zu verstärken. Wenn eine Selbstoffenbarung also wirklich zur Offenheit beitragen soll, ist es wichtig, dass sie wirklich „stimmig" ist. Stimmig heißt hier, dass Aussage, Ton und Körpersprache zueinander passen, dass alle drei Kanäle die gleiche Botschaft anbieten. Hier liegt das Geheimnis der großen Redner, der überzeugenden Persönlichkeit.

Sie können die spontane Ausdruckskraft Ihres Körpers üben. Lassen Sie Ihre Haltung, Ihre Mimik und Gestik sich entwickeln. Der wichtigste Tipp: Bleiben Sie locker! Zwanghaftes Schauspielern schadet nur, wirkt übertrieben und unecht. Der häufigste Fehler besteht darin, sich zu viele Gedanken zu machen, die gerade die Spontaneität hemmen. Bei jeder Hochzeit ist dies leicht zu beobachten. Wenn der Brautvater vorne steht und etwas vortragen will, weiß er kaum, wohin mit den Händen. Wenn er aber wieder an seinen Platz zurückgekehrt ist und mit den anderen Gästen diskutiert, sind Haltung, Mimik und Gestik wach und lebendig.

Wenn Ihr Zuhörer nun ein körpersprachliches Signal empfängt, das eine andere Botschaft enthält, als ihre Wörter sagen: Was wird er wohl glauben? Und was ist die Wirkung der doppelten Botschaft? Sie irritiert und verunsichert den Empfänger.

Wenn solche doppeldeutigen Botschaften von wesentlichen Bezugspersonen wie z. B. von den Eltern öfter verwendet werden, können sie als „double binds“ durchaus krankmachend wirken. Das ist in der Psychologie längst erwiesen. Stellen Sie sich zum Beispiel vor, die Mutter ruft ihren Sohn „Komm in meine Arme!“ mit einem kalten Befehlston und versteift dabei ihren Körper, verkrampft ihre Muskeln. Die Begleitbotschaft „alles Krampf" ist unverkennbar. Den Eindruck auf den Sohn können Sie sich lebhaft ausmalen.

Für Ihre Körpersprache ist deshalb die wichtigste Aufgabe, Ihre Botschaften zu verstärken! Und umgekehrt: Wenn Ihr Körper spontan etwas signalisiert, verleihen Sie ihm eine Stimme! Das ergibt eine erfolgreiche, konzertierte Aktion. Statt zu schauspielern: probieren Sie es einmal mit Offenheit! Das heißt nun nicht, dass Sie in einer Verhandlung als erstes alle ihre Nachteile auf dem Tisch ausbreiten sollen. Da gibt es bessere Strategien. Aber wenn Sie merken, dass Ihre Knie schlottern, dann behaupten Sie nicht das Gegenteil. Sprechen Sie offen an, dass die Situation Sie durchaus etwas aufregt! Das macht Sie menschlich – und sympathisch. Und wer Ihre Knie beobachtet, hätte es sowieso gemerkt.

Der Ton macht die Musik

Zur Phonetik gehören Lautstärke, Tonhöhe, Modulation und Artikulation, das Sprachtempo und damit auch – die Pausen.

Wer über eine gewisse Bandbreite der Lautstärke verfügt, kann durch Änderungen Betonen. Dadurch gewinnt Ihre Sprache Struktur und Ordnung. Wichtiges können Sie hervorheben, Unwichtiges bleibt im Hintergrund. Es schadet auch nicht, wenn Sie wissen, dass Sie sehr laut werden können, wenn Sie wollen. Gerade in größeren Gruppen ist eine ausreichende Lautstärke Voraussetzung für verständliches Reden. Aber hüten Sie sich, in der Diskussion andere übertönen zu wollen! Damit können Sie nicht überzeugen. Wer weiß, dass er Recht hat, braucht nicht zu schreien. Und wer nicht Recht hat, sollte erst recht nicht schreien.

Auch das Tempo können Sie variieren. Die meisten Sprecher reden zu schnell. Das geht zu Lasten der Verständlichkeit.

Wie die Lautstärke eignet sich das Tempo zum Betonen: Je langsamer, desto wichtiger. Das „Kleingedruckte" können Sie schnell nachschieben. Vor oder nach dem Kernpunkt eine kleine Pause – das regt den Hörer zum Mitdenken an. Und lassen Sie die Pausen wirklich Pausen sein – keine „Also“, „Ähs“, „ehems“ oder ähnliche Füller!... Eine Pause wirkt am besten, wenn Sie eine richtige Pause ist. Auch Pausen können Sie körpersprachlich unterstreichen. Zappeln Sie dabei nicht herum, sondern halten Sie einfach still! Sie werden sich wundern, wie wunderbar auf einmal Ihre Pausen wirken.

Die Satzmelodie macht die Rede interessant. Sie müssen nicht unbedingt eine schwedische oder pfälzische Melodie bieten – das ist nur in der entsprechenden Sprache passend. Aber „eintönig“ reden kommt nicht an. Zwar kann man des Guten auch zuviel tun, aber in den meisten Gesprächen könnten viele ihre Stimme etwas flexibler nutzen. Geben Sie sich eine Chance. Sie sind wer. Das dürfen Sie auch in Ihre Darstellung zum Ausdruck bringen.

Man könnte an dieser Stelle eigentlich mal wieder versuchen, ein bisschen zusammenzufassen oder so, vielleicht. Oder?!

Tun Sie's einfach!

So sprechen Sie offen und direkt:

Ich und du – statt man und wir
Aktuell statt olle Kamellen
Sie kommen auch ohne Weichmacher aus – und besser an.
Nutzen Sie die Sprache ihres Körpers!
Sprechen Sie stimmig!

5. Appelle und Argumente

Warum sollten Sie tun, was andere sagen?

Stellen Sie sich vor, wir sind mit einer Reisegruppe unterwegs auf Safari in Kenia. Wir haben das Ziel des heutigen Tages erreicht, die Führer haben das Lager errichtet, wir sitzen vor unseren Zelten in der Kühle der Dämmerung an einem Lagerfeuer und trinken unsern guten englischen Tee – mit oder ohne Rum, je nach Geschmack. Da raschelt es im Gebüsch. Wir schauen gespannt, was sich da regt. Und aus dem Gebüsch kommt ein Mann, offensichtlich ein Weißer, Europäer wie wir, abgerissen, zerlumpt, ganz ausgemergelt und ausgetrocknet.

Stellen wir uns die Frage: Was braucht dieser Mensch? Wenn Sie jetzt sagen, diese Frage stellen wir doch besser ihm, dann haben Sie natürlich Recht. Aber im Sinne dieser Übung überlegen Sie bitte
- Was braucht er zuerst?
- Was braucht er dann?
- und so weiter, bis er wieder alles hat, was er braucht.

Vergleichen Sie bitte jetzt Ihre Liste mit der folgenden Aufzählung:

Zuerst braucht er etwas zu trinken, dann etwas zu essen. Vielleicht will er sich ausruhen. Wege der Kühle braucht er Kleidung oder eine Decke, und für die Nacht einen Platz im Lager, damit er vor den wilden Tieren sicher ist. Wir sind schließlich in Kenia und nicht zu Hause im Stadtwald. Wenn er weiß, dass das alles geregelt ist, braucht er Zuspruch – oder Zuhörer. Wir werden ihn fragen, wie er in diese Lage gekommen ist, und er braucht Gelegenheit, das ausführlich zu erzählen, vielleicht sich bedauern oder ermutigen zu lassen.

Am nächsten Morgen überlegt er, wie er wieder nach Hause kommt. Er will zu seiner Familie, in seine Heimat, in seine Firma. Und wenn wir die Geschichte weiterspinnen, können wir uns vorstellen, wie er am Schreibtisch sitzt und seinem Geschäftsfreund am Telefon von seinem Kenia-Abenteuer erzählt. Glauben Sie, das ist der gleiche Bericht wie seinerzeit bei uns am Lagerfeuer?

Und wenn er die Geschichte oft genug in dieser neuen Version erzählt hat, um sie sich selber auch zu glauben, könnte er gut auf den Gedanken kommen, es noch einmal zu probieren: Ganz alleine, ohne Führer, ohne Gruppe, durch den afrikanischen Busch... das wäre doch die ultimative Herausforderung!

Die grundlegenden Bedürfnisse

Wenn Sie eine ähnlichen Reihenfolge überlegt hatten, dann ist das kein Zufall. Die Aufzählung, die hier vorgeschlagen ist, folgt der Theorie des Motivationsforschers Abraham. Maslow. Schauen wir uns die Begründung an.

Trinken und Essen sind für das unmittelbare Überleben unbedingt notwendig. Ohne Wasser würden wir es nur wenige Tage aushalten, ohne Essen nur wenige Wochen. Auch der Schlaf gehört hierher. Wenn man systematisch am Schlafen gehindert wird, dann stirbt man zwar nicht gleich, aber das Risiko steigt, verrückt zu werden. Totalitäre Staaten haben diese Methode schon oft zur Gehirnwäsche benutzt. Weil diese Faktoren zu unserer körperlichen Funktionsfähigkeit unbedingt notwendig sind, hat Maslow sie unter dem Begriff „**Physiologische Grundbedürfnisse**" eingeordnet.

Kleidung, Decke und Zelt schützen vor den Gefahren der Umwelt: Nässe, Kälte, Wetter, wilde Tiere. Sie garantieren das langfristige Überleben. Maslow fasst sie unter den **Sicherheitsbedürfnissen** zusammen.

Hat unser Besucher jetzt nicht alles, was er zum Überleben braucht? Eigentlich schon. Aber das Überleben auf dieser Stufe entspricht dem Überleben eines Kaspar Hauser, es entspricht dem Wolfsjungen Mowgli aus dem Dschungelbuch. Das Gespräch am Lagerfeuer führt uns in eine neue Stufe: das menschenwürdige Leben,. Wir Menschen sind soziale Wesen. Und dazu gehört Kontakt, auch die langfristige Zugehörigkeit, die Verbundenheit mit meiner Familie, mit meiner Heimat, mit meiner Firma. Das können wir als **soziales Bedürfnis** bezeichnen. Wir wollen dazugehören, ein Teil des sozialen Systems sein.

Aber wer sind wir in diesem System? Wenn die Gleichheit garantiert ist, wird es notwendig, unsere individuellen Besonderheiten herauszustellen, um uns von andern zu unterscheiden. Nur innerhalb meiner Grenzen, die ich selber ziehe, bin ich wirklich ich. Damit sichere ich meine **Individualität**, meine **Autonomie**. Auf dieser Bedürfnisstufe finden sich so verschiedenartige Motive wie das Geltungsbedürfnis, Image und Anerkennung, das Machtstreben oder der Freiheitsdrang.

Nach Maslow münden alle Motive in dem Streben nach **Selbstverwirklichung.** Vielleicht lässt sich das am einfachsten beschreiben mit Goethes Formulierung: „Werde, der Du bist!" Damit kann eine Lebensaufgabe gestellt sein.

Nach der Theorie ist die Reihenfolge, in der die Motive hier aufgezählt sind, nicht zufällig. Die „höheren" Bedürfnisse können erst wirksam werden, wenn die zugrunde liegenden befriedigt sind. Auch Brecht hat schon gesagt: „Erst kommt das Fressen, dann die Moral". Und der Volksmund formuliert das Verhältnis von Grund- und Sozialbedürfnissen mit „Durst ist schlimmer als Heimweh". Noch wichtiger ist, dass in jeder Situation ein Motiv im Vordergrund steht. Wenn ich z. B. abends durstig von einer langen Autofahrt nach Hause komme, bin ich erst dann zu einem längeren Gespräch zu gebrauchen, wenn ich ein großes Glas Wasser getrunken habe. Das heißt, auch in einem Gespräch ist darauf zu achten, dass die jeweils relevanten Motive der Partner möglichst befriedigt werden.

Wenn Sie ein erwachsener, gesunder und autonomer Mensch sind, können Sie auf Ihre eigenen Bedürfnisse selbst achten. Und wer achtet auf die Bedürfnisse Ihres Partners? Hoffentlich auch er selbst. Aber hier können Sie nun einen ganz wesentlichen Gesprächsförderer einsetzen. Was können Sie Ihrem Partner bieten, wenn Sie von ihm etwas wollen? In der Theorie ist das ganz einfach: Wenn Sie seine augenblickliche Motivation kennen, können Sie in Ihren Gesprächsbeiträgen darauf eingehen. Und wie erfahren Sie seine gegenwärtige Motivlage? Nach meiner Erfahrung ist es hilfreich, davon auszugehen, dass viele Mitmenschen die meiste Zeit mehr oder weniger direkt genau darüber reden, was ihnen wichtig ist, was sie zu brauchen glauben und was sie gerne hätten. Sie brauchen nur zuzuhören. In der Praxis ist das einfacher gesagt als getan. Es braucht durchaus einiges an Übung, das auch richtig herauszuhören. Das aktive Zuhören kann Ihnen dabei unschätzbare Dienste leisten. Wer auf der Party durch seine Stories, seine Kleidung und sein Schweizer Chronometer zeigt, was für ein toller Hecht er ist, wird wahrscheinlich an einem Gespräch mit einem Bewunderer sehr viel mehr Interesse haben als an einer Diskussion über die Sozialverträglichkeit der Entwicklungshilfe.

Das führt uns zu einem wesentlichen Punkt in der Gesprächsqualität. Viele sind bestrebt, darauf zu achten, ob auch richtig ist, was sie sagen. Und im Kapitel über angemessene Information hatte wir diesen Punkt ja auch in der Liste. Um zu prüfen, welche Rolle er wirklich spielt, hier eine Entscheidungsfrage:

Richtig und wichtig

Wenn Sie ihrem Partner eine Information anbieten und die Gesamtwirkung ihrer Information ist 100% – zu wieviel Prozent hängt die Wirkung davon ab, ob Ihre Nachricht
a) sachlich richtig ist – oder
b) für den Partner wichtig ist?

Schätzen Sie – ist die Verteilung nach Ihrer Meinung 50/50? Überwiegt a, oder überwiegt b? Legen Sie sich bitte mit einer Zahl fest, wir brauchen sie gleich noch einmal.

Wenn Sie diese Information jetzt geben – zu wieviel Prozent hängt die Wirksamkeit Ihrer Botschaft davon ab
c) was Sie sagen – oder
d) Wie Sie es sagen?

Und last not least: Zu wieviel Prozent hängt die Wirkung
e) von der Botschaft – und
f) vom Sprecher ab?

Der Wirkungsgrad einer Botschaft erwächst aus dem Zusammenspiel von richtig und wichtig, Inhalt und Form, Botschaft an sich und Sprecher. Selbst wenn Sie in allen Fragen die „Goldene Mitte" gewählt und 50/50 geschrieben haben, ergibt sich daraus Folgendes: Die Bedeutung einer richtigen Information erreicht nur

(a) x (c) x (e),

also 0,5 x 0,5 x 0,5 = 0,12 des gesamten Wirkungsgrades.
Das sind gerade einmal 12 %. Die anderen 88 % sind über die anderen Wirkungsfaktoren noch zu leisten.

Dieses Ergebnis wird Sie vielleicht überraschen. Rechnen Sie das Beispiel noch einmal anhand Ihrer Zahlen! Dann ermitteln Sie, wie Sie ganz persönlich die Wirkung einschätzen. Gehen wir die einzelnen Punkte doch noch einmal durch:

Die Richtigkeit einer Information kann im Normalfall nur einen Bruchteil der Wirkung beeinflussen. Die Tatsache, dass der Innpegel in Wasserburg zurzeit bei 268 liegt, mag noch so richtig sein – Diese Nachricht interessiert nur ein paar hundert Wasserburger, die daraus ableiten können, ob ihr Haus hochwassergefährdet ist oder nicht.

Das heißt natürlich nicht, dass dieser Punkt zu vernachlässigen wäre. Richtigkeit ist für viele Argumente ein „Killer-Kriterium": Wenn eine Information nicht stimmt, ist die Glaubwürdigkeit nicht nur dieser Information, sondern auch die weiterer Botschaften und nicht zuletzt die des Sprechers auf lange Sicht nachhaltig erschüttert. „Wer einmal lügt, dem glaubt man nicht."

Das heißt aber wohl, dass Millionen von möglichen Gesprächspartnern an dieser Nachricht überhaupt nicht interessiert sind, und es ist ihnen auch völlig gleichgültig, ob sie nun stimmt oder nicht. Die meisten Menschen schätzen die Gewichtung „richtig – wichtig" auf etwa 20/80. Anders gesagt, ob Sie Recht haben, interessiert Ihren Gesprächspartner nur dann, wenn die Information auch für ihn wichtig ist. Und wichtig ist sie für ihn dann, wenn sie seine Bedürfnisse oder Interessen trifft. Andernfalls wird er sie nicht beachten, überhören, nicht verstehen oder vergessen – Sie kennen das aus dem Kapitel zur Verständlichen Information.

Auch die Bedeutung des Sprechers kennen Sie aus vielerlei Zusammenhängen. In der Antike (und in manchen Gegenden auch noch in der jüngeren Vergangenheit) musste der Überbringer einer schlechten Botschaft damit rechnen, den vollen Zorn des Empfängers über sich ergehen zu lassen. Das hat nicht wenige den Kopf gekostet. Und wenn Sie Kinder haben, kennen Sie vielleicht das folgende Phänomen. Ein Appell, den Sie schon hundertmal vergebens an ihren Sprößling gerichtet haben, wird auf einmal völlig überraschend befolgt: Seine

Freundin hat den gleichen Vorschlag gemacht... An dieser Stelle wird deutlich, dass die Beziehung die Botschaft bestimmt.

Appelle und Argumente – Ein Appell allein ist noch kein Argument

Bei Appellen gibt es prinzipiell zwei Möglichkeiten, die sie wirksam machen. Entweder ist die Beziehung zum Partner so wichtig, dass ich den Appell ohne weiteres befolge, oder der Appell ist durch eine Information begründet, die mir verständlich macht, warum ich den Appell befolgen sollte. Dann sprechen wir von einem Argument. Im ersten Fall ist der Beziehungsaspekt maßgeblich für die Wirkung des Appells. Ich folge dem Appell, um dem Sprecher einen Gefallen zu tun. Das gehört zu der Art unserer Beziehung einfach dazu. Stellen Sie sich vor, der Besucher an unserem Lagerfeuer in Kenia hätte uns um Essen, Trinken und einen Lagerplatz ausdrücklich gebeten. Glauben Sie, dass er dabei hätte argumentieren müssen, oder hätte eine einfache Bitte – sprich ein Appell – gereicht? Sicher ja, denn als Menschen in der Wildnis hätten wir einem Mitmenschen doch die Hilfe nicht versagt, oder?

Im zweiten Fall liefert eine Information mit ihrem Inhaltsaspekt die Begründung, warum es für mich sinnvoll sein könnte, den Appell zu befolgen. Die Verknüpfung des Appells mit einer Begründung ergibt ein Argument. Wie können Sie das nun im Gespräch verwenden? Argumentation ist unter anderem auch eine Frage der Form. Zum einen kennen Sie dieses Thema bereits aus dem letzten Kapitel: Eine Botschaft ist glaubwürdig, wenn sie stimmig ist, wenn Sprache und Körpersprache den gleichen Inhalt signalisieren. Zum anderen hängt die Wirkung davon ab, wie Sie die Bedeutung – also die Wichtigkeit – und die Richtigkeit ihrer Aussage formulieren und verknüpfen. Durch eine sinnvolle Verknüpfung wird Ihre Aussage zu einem Argument. Und mit einem wirkungsvollen Argument können Sie Ihre Wünsche oder Appelle kräftig unterstützen.

Ein Beispiel soll diese Zusammenhänge deutlich machen.

Das Auto von Manni blockiert eine Einfahrt. Frau Meier bittet ihn, wegzufahren, weil sie einkaufen möchte. Das ist für Manni kein Argument: ob Frau Meier einkaufen will oder nicht, ist schließlich ihre Sache. Da kommt Herr Meier dazu und weist Manni darauf hin, sein Auto wegzufahren, weil er eine Politesse gesehen hat, die gerade die Straße herunterkommt und Strafzettel schreibt. Das ist für Manni sehr wohl ein Argument. Einen Strafzettel müsste er schließlich bezahlen. Das ist für ihn wichtig.

Das gleiche Argument könnte übrigens bei Herrn Dr. Protzig ins Leere zielen, weil Herr Dr. Protzig zu viel Geld hat und Strafzettel quasi aus der Westentasche bezahlt.

Ob ein Argument wichtig ist oder nicht, hängt eben ausschließlich vom Partner und seinen Motiven ab.

Dafür sieht die Sache ganz anders aus, wenn Herr Dr. Protzig vor seiner eigenen Ausfahrt steht und seine Frau zum Einkaufen fahren will. Er muss nicht einmal wissen, was seine Frau vorhat. Es reicht, wenn sie sagt, er möge da wegfahren, und schon tut er es. Da braucht es (jedenfalls oft) keine Argumente. Aber Frau Protzig hätte Pech, wenn Manni mit seinem Wagen die Ausfahrt blockiert...

Zarte Andeutung und strikte Anweisung

Wenn wir unsere Appelle deutlich machen wollen, haben wir die Wahl zwischen sehr wohl differenzierbaren Abstufungen. Auf der einen Seite finden wir den direkten Befehl, das andere Extrem wäre ein zaghafter Wunsch. Das könnte etwa so aussehen:

1. Zarte Andeutung:
„Schatz, könntest du dir vorstellen, vielleicht irgendwann mal wieder ein kleines Sträußchen Blumen mitbringen zu können?“
2. Unverbindlicher Wunsch:
„Du, es wäre schön, wenn du mal wieder an Blumen denkst...“

3. Freundliche Bitte:
„Schatz, bist du so lieb und bringst mir mal wieder Blumen mit?"
4. Direkte Bitte:
„Bring mir doch bitte heute aus der Stadt Blumen mit."
5. Bitte mit Argument:
„Bring mir bitte einen Strauß Blumen mit, ich zahle alles!"
6. Dringende Bitte:
„Bring mir bitte unbedingt heut noch einen Strauß Blumen, ich verlass mich drauf!"
7. Auftrag, Anweisung:
„Bring heute einen Strauß mit 17 roten Rosen mit!"
8. Befehl:
„Bring einen Strauß Blumen!"
9. Mehrfach-Befehl:
„Bring einen Strauß Blumen! Mach schon, beeil dich!"
10. Befehl mit Drohung:
„Bring Blumen mit, sonst kannst du dir dein Bier selber holen!"
11. Offene Erpressung:
„Wenn du diese Blumen jetzt nicht kaufst, kannst du deine Hemden selbst bügeln!!"

Und noch einmal: Fragen

Unter dem Appell-Aspekt sollten wir uns auch die Fragen noch einmal genauer anschauen. Die haben zwar bereits im Kapitel zwei genügend Beachtung gefunden, aber in Bezug auf den Appell kann man sie gar nicht hoch genug einschätzen. Wie schon oben beschrieben, haben Fragen einen zwar nicht immer auffälligen, aber doch sehr starken Appell: Bitte gib mir eine Antwort! Rede!! Das macht ihre Bedeutung für die Gesprächssteuerung aus. Den Druck dieses Steuerungsversuches können Sie, wie im Fragekapitel beschrieben, durch direkte oder indirekte Fragen ganz fein abstimmen. Warum ist diese Dosierung wichtig? Sie dient dazu, genau das rechte Maß zu finden, auf das Ihr Partner positiv reagiert. Es ist ganz einfach einzusehen: Von nichts kommt nichts. Wenn Sie eine Bitte, einen Wunsch nicht äußern, dann ist die Wahrscheinlichkeit, ihn erfüllt zu bekommen, auch nicht allzu hoch. Die Nachfrage nach Märchenprinzen, die uns die Wünsche von den Augen ablesen, ist unverändert hoch. Aber das Angebot ist knapp, es gibt nicht mehr sehr viele. Wenn Sie andererseits ihre Wünsche als Forderungen mit gehörigem Druck in die Welt hinein posaunen, dann erfahren Sie in den allermeisten Fällen die Wahrheit des Sprichworts: Wie man in den Wald hinein ruft, so schalt es heraus. Druck erzeugt Gegendruck. Je höher der Druck Ihrer Forderung, desto größer die Wahrscheinlichkeit, dass Ihr Partner sich wehrt.

Bloß eine Bitte...

Einen bloßen Appell vom Stil „Du solltest..." an den Partner zu adressieren ist auch nicht empfehlenswert. Warum sollte er eigentlich? Was oder wer zwingt ihn? „Ich will, dass du..." ist auch nicht besser. Wenn Sie die „Ich will"-Einleitung wörtlich nehmen, merken Sie, dass hier die Willkür des Sprechers ins Spiel kommt. So könnte ein Tyrann alten Stils die Befehle an seinen Untertan verpacken. Da er der Herrscher ist und der andere der Untertan, ist die Befehlsstruktur gegeben, und es braucht keine Argumente, sondern nur das „ich will". Da der Untertan nicht weiß, wie er aus dem Untertanenverhältnis herauskommen soll, hat er keine andere Wahl, als zu folgen.

Ein Appell, der dem Partner sagt: „Weil du mein Partner bist, solltest du..." hat deshalb eine fatale Nebenwirkung. Wenn der Partner nämlich wirklich nicht will, braucht er nur die Partnerschaft aufkündigen, und schon ist die „Begründung" hinfällig. In manchen Kulturen ist auch der Appell an die Dankbarkeit, dass man für eine gewährte Leistung eine Gegenleistung „einklagen" kann, absolut verpönt. Selbst wenn der andere mitspielt, heißt es unweigerlich: „Aber jetzt sind wir quitt!". Das ist eben das Besondere am Appell in der Beziehung: dass man damit nicht argumentieren kann.

Bloße Appelle werden dennoch oft gesendet. Gerade während meiner langjährigen Arbeit in Unternehmen, die in schöner

Regelmäßigkeit Rundschreiben verschiedenster Inhalte an ihre Mitarbeiter verteilt haben und darin an dies und jenes und insbesondere an jeden einzelnen appelliert haben, bin ich zu der Überzeugung gelangt: „Der Gebrauch von Appellen ist ebenso weit verbreitet wie die Gelegenheit, ihre Nutzlosigkeit zu beobachten."

Dies sagt einiges aus über fehlende Beobachtungsfähigkeit, mangelnde Nutzenorientierung, verpasste Gelegenheiten und die Qualität der Kommunikation. Wenn Sie diese Fehler nicht machen wollen, folgen Sie der Regel:

Das fünfte, was Sie als guter Gesprächspartner verlernen sollten, ist der Gebrauch von nutzlosen Appellen und Befehlen.

Von nichts kommt nichts, hatten wir eben schon gesagt. Und um von jemand etwas zu bekommen, was er mir nicht um unserer Beziehung oder um meiner selbst willen gerne geben mag, muss ich ihm auch etwas bieten. Und was? Am besten etwas, was ihn interessiert und was er wirklich braucht.

Was ist für wen wichtig

Der Gesprächspartner wird sich für Ihre Meinung nur dann interessieren, wenn sie für ihn wichtig ist – oder wenn es Ihnen gelingt, sie durch die Ansprache seiner Bedürfnisse und Interessen wichtig darzustellen.

Ein findiger junger Mann schaffte es, Herrn Willig, den Verkaufsleiter der großen Firma anzusprechen und bat ihn um eine Arbeitsstelle als Verkäufer; er sei sehr gut. Der Verkaufsleiter sah zur Zeit keinen Bedarf und lehnte ab. Auch bei dem Angebot des jungen Mannes, seine Unterlagen zuzuschicken, um später eine Chance zu haben, lehnte er ab: er würde nicht einmal den Brief öffnen. Da ergriff der junge Mann seine Chance und bot folgende Wette an: „Wenn Sie den Brief wirk-

lich nicht öffnen, sei die Sache erledigt. Wenn Sie den Brief aber öffnen, laden Sie mich zu einem Bewerbungsgespräch ein." Das machte den Verkaufsleiter neugierig, und er willigte in die Wette ein. Er wollte natürlich wissen, wie es der junge Mann anstellen wollte, seine Neugier auf den Brief so zu steigern, dass er ihn öffnen – und auch lesen musste. Wissen Sie es auch?

„Persönlich" – das kann jeder darauf schreiben. „Geheim" oder „Vertraulich" – das steht auf vielem, was ein Verkaufsleiter so bekommt. „Wichtig", „Sehr wichtig" oder Ähnliches kann jeder behaupten – alles keine Hinweise, dass Herr Willig den Brief selbst lesen müsste.

Unser findiger junger Mann schrieb auf den Umschlag: „Was Sie alles über Herrn Verkaufsleiter Willig wissen sollten." Können Sie sich vorstellen, wie neugierig diese Ankündigung Herrn Willig machte, und dass er sofort den Brief öffnete und sich überzeugte, dass auch nichts drin stand, was nicht an die Öffentlichkeit dringen sollte? Und da der Inhalt zeigte, dass die Informationen sorgfältig recherchiert waren, und der junge Mann bei dem gewonnenen Bewerbungsgespräch noch eine gute Figur machte, erhielt er den Job. So hat diese kleine Geschichte ihr Happy End.

Der Partner wird Ihren Appellen leichter folgen, wenn er auch für sich einen Nutzen darin erkennt. Deshalb ist es unerlässlich, die Motive und Interessen des Partners zu erkunden. Sonst zielen Sie in die falsche Richtung! Und der Partner wird Ihre Meinung nur dann akzeptieren oder Ihren Appell befolgen, wenn die Argumentation für ihn nachvollziehbar ist. Dazu gehört als nächstes, dass er die Richtigkeit erkennt. Die Richtigkeit ist davon abhängig, wie sie durch beobachtete Tatsachen belegt werden kann. Wenn ein hieb- und stichfester Beweis nicht möglich ist, so sollte der Beleg wenigstens plausibel sein.

Belegen können Sie am besten mit Informationen, die auch dem Partner leicht zugänglich sind, oder Informationen, die

Sie ihm glaubwürdig vermitteln können. Dazu hilft am ehesten, wenn er sich von der Wahrheit Ihrer Information selbst überzeugen kann. Hüten Sie sich vor dem Trugschluss, dass es Informationen gäbe, die selbstverständlich sind. Es gibt nur Informationen, die Menschen verständlich sind. Und als Beleg für Ihren Partner kommen nur Informationen in Frage, die er versteht. Wenn Sie zum Beleg Ihrer Meinung eine Formel herbeiziehen, die zwar völlig richtig ist, die aber nur ein Professor versteht, dann werden Sie bei den meisten Ihrer Gesprächspartner damit Pech haben.

Recht haben – Recht bekommen

Recht haben – wie geht das überhaupt? Wenn Sie etwas haben wollen, müssen Sie es irgendwoher bekommen. Wenn Sie Recht haben wollen, muss irgend jemand Ihnen Recht geben. Und wer könnte das sein? Im Gespräch mit Ihrem Gesprächspartner hilft es Ihnen wenig, wenn Sie meinen, ein unvoreingenommener Richter würde Ihnen dazu Recht geben und für Sie entscheiden – denn Sie sind nicht vor Gericht. Sie haben es jetzt gerade mit Ihrem augenblicklichen Gesprächspartner zu tun. Und wenn Sie um jeden Preis recht behalten wollen, dann ist der Preis dafür nur zu oft, dass Sie mit Ihrem Partner in Streit geraten.

Für die fünfte „Verlernregel" gibt es deshalb die Alternative:

Das fünfte, was sie als guter Gesprächspartner verlernen sollten, ist der Wunsch, immer Recht zu haben.

Wenn Sie von Ihrem Partner Recht bekommen wollen, dann ist es hilfreich, wenn Sie ihm etwas anbieten, das ihm wichtig genug ist, sich damit zu beschäftigen. Sonst erhalten Sie höchstens eine Antwort von der Art „Meinetwegen hast Du Recht, und ich habe meine Ruhe." Der Partner macht sich gar nicht die Mühe, Ihren Inhalt und Ihren Beleg zu prüfen. Also ist es zunächst wichtig, den Partner für Ihr Anliegen zu interessieren. Und wenn Ihnen das gelungen ist, dann besteht der nächste Schritt darin, Ihre Meinung für ihn nachvollziehbar zu belegen.

Für das Verstehen sind nicht nur die Fakten wichtig. Um wirkungsvoll zu argumentieren, machen Sie sich bitte einmal klar, was ein Argument ist: Eine sinnvolle Verknüpfung von Tatsachen zum Belegen einer Meinung oder These. Für die Verknüpfung sind oft Schlussfolgerungen nötig. Auch die Verknüpfung muss für Ihren Partner einsichtig sein, sonst fragt er zurück: „Was hat das denn überhaupt miteinander zu tun?" Es gibt durchaus Verknüpfungen, die logisch zweifellos folgerichtig sind, aber bei schwierigen oder ungewöhnlichen Inhalten nicht ganz leicht nachvollziehbar.

König Salomon war durch seine weisen Urteile berühmt. Vor seinem Thron trug ein Mann seinen Streitfall vor, und Salomon sagte dazu „Da hast du Recht." Dann trat sein Kontrahent herbei und seine Meinung war das genaue Gegenteil. Auch zu ihm sagte Salomon: „Da hast du Recht." Der Wesir hatte alles mit angehört und äußerte verwundert, wenn beide sich widersprächen, könnten doch nicht beide Recht bekommen. Salomon antwortet ihm: „Da hast du Recht".

Nutzen ist, was nützt

Kapitel drei zur verständlichen Information beginnt mit einem komplizierten Text. „Das von den Sicherheits-, Wertschätzungs- und Selbstverwirklichungsbedürfnissen...". Erinnern Sie sich? Dieser Text ist zwar schwer verständlich, aber er ist auch inhaltlich völlig richtig. In den ersten fünf Zeilen steht nämlich, warum Kommunikation für den Menschen so wichtig ist. So ist dieser Text in seiner Urfassung selbst ein Beispiel dafür, wie ein an sich wichtiger und richtiger Inhalt so formuliert werden kann, dass sein Nutzen leicht völlig übersehen und überlesen wird.

In normalem Deutsch ausgedrückt, würde es etwa so heißen: „Sie befriedigt unmittelbar seine Bedürfnisse nach Sicherheit, sozialem Kontakt, Wertschätzung und Selbstverwirklichung. Und" – das ist für unser Kapitel hier besonders wichtig – „sie dient der Information darüber, wie er seine Bedürfnisse befriedigen kann." Das ist ein Nutzen, den Ihre Information immer dann bieten kann, wenn Sie die Motive des Partners wirklich trifft. Sie finden damit eine Möglichkeit, die Empfängerorientierung, die Sie aus dem dritten Kapitel über verständliches und interessantes Sprechen kennen, in eine konkrete Form der Argumentation umzusetzen – die Nutzenargumentation.

Das sechste,
was Sie als guter Gesprächspartner lernen sollten,
ist *Nutzen bieten.*

Wie verbinden Sie nun die Ansprache des Partners, um sein Interesse zu wecken oder zu treffen, mit Ihrer Argumentation? Dafür gibt es eine einfache Regel:

1. Sprechen Sie zunächst das Interesse direkt an.
2. Argumentieren Sie, was Sie als Beitrag anzubieten haben.
3. Belegen Sie, wie Ihr Beitrag dem Nutzen des Partners dient.

Ähnliche Schritte haben seit vielen Jahren Verkäufer in unzähligen Verkaufstrainings gepaukt. Der Erfolg war nicht immer durchschlagend. Das mag an vielen Gründen liegen. Oft liegt es aber daran, dass das Interesse des Kunden gar nicht richtig erkannt und deshalb auch nicht angesprochen wird. Wer hier auf Anhieb den Treffer landet, der ist schon einen großen Schritt weiter. Erinnern Sie sich an den talentierten Nachwuchsverkäufer, der er verstand, dem Verkaufsleiter W. seine Bewerbung interessant anzubieten?

In der Praxis ist leider diese Orientierung am Kundennutzen allerdings immer noch die Ausnahme. Wie oft hat Sie ein Verkäufer schon mit Details über sein Produkt überschüttet, von denen Sie nur den geringsten Teil verstanden haben, geschweige denn, dass Sie genau wüssten, was Ihnen das alles nutzt? Erst neulich gab unser Video-Rekorder seinen Geist auf. Also gingen meine Frau und ich in einen Fachmarkt, um ein neues Gerät zu kaufen. Wir erzählten einem Verkäufer, was wir brauchten. Er zeigte uns einige entsprechende Geräte, und während dessen nannte er mindestens drei Abkürzungen, die ich noch nie gehört hatte, um mich darauf aufmerksam zu machen, wie gut die Dinger ausgestattet seien. Ich musste zweimal nachfragen, um zu erfahren, wozu ich diese Ausstattung denn verwenden könnte, um zu entscheiden, was für unsere Zwecke überhaupt etwas nutzte.

Nun sollen Sie hier natürlich keinen Verkäuferkurs machen. Aber wie oft wollen oder müssen wir unsere Meinung im täglichen Leben effektvoll „verkaufen"? Wie oft wollen Sie nicht nur einen unverbindlichen Wunsch äußern, sondern ein gezieltes Angebot machen, um über eine wie auch immer geartete „Gegenleistung" zu verhandeln? Dann ist es nötig, dass Sie das Interesse Ihres Partners richtig ansprechen können, um Ihre Argumentation richtig „aufzuhängen" und nicht in den luftleeren Raum hinein zu argumentieren. Hier hilft Ihnen, wenn Sie das aktive Zuhören hinreichend trainiert haben. Wenn Sie gut zuhören, haben Sie gute Chancen, viel über die Interessen Ihres Partners zu erfahren. Wenn Sie viel quittieren und bestätigen, wird er viel erzählen. Wenn Sie gezielt nachfragen und Wichtiges verbalisieren, werden Sie ihn und seine Interessen besser verstehen. Und dann können Sie natürlich seine Interessen auch besser ansprechen – am besten mit seinen eigenen Worten.

Stellen Sie sich vor, Ihr Partner kommt nach Hause und stöhnt über den Stress im Büro. Wenn Sie allein dieses Stöhnen interpretieren, wissen Sie nicht sicher genug: Will er sich jetzt aussprechen – soziale Motivation – oder braucht er seine Ruhe – Erholung, Sicherheitsbedürfnis?

Sie können quittieren: *„Ah ja"* – und hören, was weiter kommt.

Sie können nachfragen: *„Magst du reden, oder brauchst du Ruhe?"*

Sie können verbalisieren, was Sie verstanden haben, und die Reaktion des Partners beobachten, ob Ihre Wahrnehmung auch stimmt.

Nehmen wir den Fall, es geht um Ruhe. Dann knüpfen Sie an dieses Ruhebedürfnis an: *„Wenn du Ruhe willst"...*

Dann formulieren Sie ihr Angebot so, dass es für den Partner eindeutig erkennbar ist: *„... dann leg dich am besten ins Obergeschoss, denn ich hab hier noch viel zu tun."*

Und das wichtigste: Sie schließen den Kreis, indem Sie dem Partner zeigen, wie er aus Ihrem Angebot seinen Nutzen zieht, der seinem Bedürfnis entspricht. *„... dann wirst du am wenigsten gestört."*

Wenn Sie nicht geklärt haben, um welches Motiv es Ihrem Partner geht, kann der Appell oder das Argument die Richtung verfehlen. Wer lieber reden möchte, fühlt sich ins Obergeschoss abserviert. Durch die sinnvolle Verbindung Ihrer Gesprächsförderer können Sie im Gespräch dem Partner die hilfreichen Impulse geben.

Als unsere Tochter immer mehr Zeit für ihre Hausaufgaben brauchte, führte meine Frau ein intensives Gespräch mit ihr. Sandra klagte, dass sie so wenig Zeit für und für sich selbst hatte. Das Ergebnis des Gesprächs war unter anderem ein Plan, ihre Hausaufgaben zügig zu erledigen. Den schrieb sie sich auf ein Blatt Papier, hängte ihn über ihren Schreibtisch, und darunter stand: *„Und danach hab ich mehr Zeit für mich!"* Seitdem hat sich ihr Tempo wesentlich erhöht. Sie sehen, Sie können auch sich selbst mit einem Nutzenargument überzeugen, wenn ein bloßer Appell nicht genügt.

Jetzt nützt Ihnen am ehesten noch eine **Zusammenfassung**:

So nutzen Sie den Gesprächsförderer „Nutzen bieten":
Von der zarten Andeutung zum wirksamen Appell
Von den Motiven zum Nutzen
Fragen statt Faseln
Wichtig vor richtig!
Argumentieren statt behaupten
Bitten statt befehlen
Überzeugen statt überreden

6. Mit den Menschen sprechen

Wer mit jemandem reden will, sollte nicht gegen ihn reden

„Ach, wie bin ich froh, durch Selbsterfahrung,... durch Kommunikationstrainings (usw.) ... einen besseren Zugang zu mir selbst und zu meinen Mitmenschen gefunden zu haben! ...

So hatte ich neulich ein Rendezvous mit Maria... Wir saßen in einer Kneipe beim Bier, und sie plauderte fröhlich über dies und das. Allerdings waren die Inhalte etwas external und ichfern. Ich horchte in mich hinein und merkte, dass ich mich von ihrer lebendigen Art mehr angerührt fühlte als von den Inhalten ihrer Erzählungen – und beschloss, ihr ein Feedback zu spenden: „Mich berührt sehr deine lebendige Art, aber Segelclubs und das alles interessieren mich weniger." ... Wobei ich die ... gefühlte Nähe nonverbal durch leichte Aufnahme von Körperkontakt unterstrich ... Um eine wirkliche Begegnung zu fördern, erlaubte ich mir daher eine kleine Intervention und fragte:

„Was macht das jetzt mit dir?" Etwas irritiert sagte sie: „Ja, was interessiert dich denn – ich mein, man kann doch nicht dauernd nur Tiefschürfendes reden!"

Da haben wir es! – durchfuhr es mich, da haben wir es, dieses anonyme „man" ... (Ich) benutzte einige Abschwächungen, um ihr eine nicht-defensive Auseinandersetzung zu erleichtern:

„Ist es ein bisschen so, dass es dir manchmal etwas leichter fällt, über Dinge zu reden, die ein klein wenig weiter weg liegen und dich persönlich nicht ganz so berühren?"

Sie runzelte die Stirn und fragte: „Sag mal, was meinste denn damit?" Diesmal antwortete ich wie aus der Pistole geschos-

sen: „Du überlegst, was das sein könnte, und es fällt dir auf Anhieb nicht so recht was ein?“

Maria rückte mit ihrem Körper ab und nahm dabei ihre Hand unter der meinen heraus ... Sie sagte: „Also manchmal spinnst du ein bisschen!“

Das war nun reine Abwehr, noch dazu in Form einer Du-Botschaft. Aber ... auch kam mir zum Bewusstsein, dass ich durch mein einfühlendes Verstehen in den letzten Äußerungen vielleicht eine Spur zu „therapeutisch“ gewirkt habe ... Sollte ich ein Stück Selbsteinbringung realisieren ...?

Also sagte ich: „Weißt du, mir geht es selber manchmal so, dass ich so alles Mögliche rede, so oberflächliches Zeug, was mit mir selber gar nichts zu tun hat – vielleicht weil ich irgendwie Angst habe, wenn ich zuviel von mir persönlich erzähle, dann werde ich vielleicht abgelehnt.“

Da ... zuckte Maria nur mit den Schultern und sagte: „Das ist doch normal – noch ein Bier? Ich muss auch bald gehen.“

Irgendwie fühlte ich ... ihre Reaktion etwas undankbar angesichts meiner Selbstoffenbarungsleistung. ... (Darum) hielt ich es jetzt für an der Zeit, die Ebene zu wechseln und durch Metakommunikation an der Störung zu arbeiten:

„Weißt du – mir fällt es nicht ganz leicht, das jetzt auszusprechen, und ich merk, wie ich mir einen kleinen Ruck dazu geben muss – also ich möchte mal ansprechen, wie wir hier miteinander reden, also wie ich das erlebe: Ich fühle irgendwie eine unsichtbare Wand zwischen uns und dass ich immer dagegen anrenne und dich nicht wirklich erreiche – verstehst du? Ich höre zwar mit den Ohren, was du sagst, aber ich spüre nicht richtig etwas von dir ...“

An dieser Stelle passierte etwas Unglaubliches. Ohne jede Vorankündigung griff Maria plötzlich zu ihrem Glas – und goss mir mit Schwung ihr ganzes Bier aufs Hemd. Und lachte etwas albern und sagte: „Damit du mal was von mir spürst, haha!“

Und stand auf, um zu gehen.

... Jedenfalls zeigt die Geschichte sehr deutlich, wie schwierig sich die Kommunikation mit jemandem gestaltet, der noch nicht so weit ist, dem das seelische Rüstzeug für eine wirkliche Begegnung noch fehlt.[8]“

Was macht diese Geschichte einerseits so lustig und komisch, hinterlässt aber andererseits einen unguten Beigeschmack? Natürlich – unser Held stellt sich recht blöd an. Dazu benutzt er allerdings Verhaltensmuster, die Sie an und für sich durchaus als Gesprächsförderer werten dürften: Er hört aktiv zu, stellt offene Fragen, formuliert Ich-Botschaften, gibt Feedback – und doch stimmt irgendwie irgend etwas nicht. Dem hier gezeigten Einsatz der Gesprächsförderer fehlt die Grundlage, und vielleicht noch einiges mehr. Gehen wir der Sache nach und schauen uns seine Äußerungen im Einzelnen an.

Wie redet der eigentlich mit mir?

Die erste Aussage lautete „Mich berührt sehr Deine lebendige Art". Für das Alltagsdeutsch meiner meisten Bekannten klingt dieser Satz gestelzt und wenig natürlich. Da hätte ich auch noch gern den Ton dazu gehört. Eine etwas weniger geschraubte Sprache hätte die Ich-Botschaft wohl glaubwürdiger gemacht. Und die Aussage in der zweiten Satzhälfte: *„Segelclubs und das alles interessieren mich weniger"* ist nicht mehr und nicht weniger als die Offenbarung seines Desinteresses an ihren Themen, also praktisch eine Kritik. Kein Wunder, dass sie bei diesem Doppelpack irritiert schaut. Erst ein Satz, den sie mit einigem guten Willen als Kompliment nehmen darf, und dann folgt das bittere Ende nach. Dieses Muster

[8] Schulz v. Thun, 1980, gekürzt

hat den verlogenen Charme einer „Ja – aber"-Argumentation: Erst ein Lob, dann der Haken. Das ist Kritik im Kompliment verpackt, so etwas wie ein „Kritiment". Und was kommt dann?

„*Was macht das jetzt mit Dir?*" ist, obwohl früher in einigen Psychokreisen recht geläufig, ein reiner Nonsens. Erstens: Nicht „es" macht etwas, sondern entweder er hat etwas gemacht oder sie macht etwas. Da kann auch die Form der offenen Frage nicht viel retten. Und die Frage, was sie damit macht, ist „reden über". Wenn er sieht oder merkt, was sie damit macht, kommt er wesentlich weiter. Und zweitens macht er sich mit diesem Satz zum Möchtegern-Psychoanalytiker. Damit bietet er eine eher „therapeutische" Beziehung an, wie er später merkt.. Ob das aber wirklich die Rolle ist, die er ihr gegenüber einnehmen will, und die in die aktuelle Situation in der Kneipe passt? Wahrscheinlich möchte er doch gerne etwas ganz anderes ... oder doch nicht?

Dabei hat er noch das Glück, dass er gleich zwei klassische Gesprächsförderer zurückbekommt: „*Ja was interessiert dich denn – ich mein, man kann doch nicht dauernd nur tiefschürfendes reden!*" Wenn er die offene Frage nach seinen Interessen ehrlich beantwortet, stehen die Chancen für ein offenes Gespräch auf einmal wieder besser. Die Botschaft, nicht dauernd Tiefschürfendes zu reden, ist ganz offen mit „*Ich mein*" eingeleitet, das gebräuchliche „Man" ist damit ziemlich unmissverständlich als „ich" zu deuten, und der Inhalt ist auch deutlich. Und der Appell, dass er bitte mit seiner Tiefseebohrerei aufhören möge, ist nur schwer zu überhören.

Aber er überhört die Ich-Botschaft, den Inhalt und den Appell und kapriziert sich auf das Wörtchen „man", aus dem er ihr eine persönliche Schwierigkeit interpretiert: „*Ist es so, dass es dir leichter fällt...*". Die watteweiche Verpackung, das Drumherumgerede führen dazu, dass sie die kritische Botschaft doch irgendwie zu wittern scheint und die Stirne runzelt, auch wenn sie den Inhalt nicht auf Anhieb versteht – kein Wunder bei der Satzkonstruktion. Die einfache Frage *„was meinst du denn damit?“*, die bei diesem Schwulst mehr als berechtigt erscheint, beantwortet er lieber nicht, sondern setzt noch einen drauf. Er kontert mit einer Gegenfrage, die wieder eine Annahme über ihre Inkompetenz enthält. Dass sie jetzt mit dem Gegenangriff *„Also manchmal spinnst du ein bisschen!“* zurück schießt, ist zwar ein Gesprächsstörer, aber leider scheint sie inhaltlich Recht zu haben.

Nun entscheidet er sich dafür, „ein Stück Selbsteinbringung" zu „realisieren". Doch diese Formulierung verrät, wie weit er noch davon entfernt ist, offen über sich zu sprechen. Trotzdem baut sie auf seine Eröffnung die goldene Brücke: *„Das ist doch normal“* und gibt der Beziehung noch eine, wenn auch zeitlich begrenzte, weitere Chance: *„Noch ein Bier?“* Davon allerdings merkt er gar nichts – Zuhören scheint wirklich nicht seine Stärke zu sein. Er hält Maria für undankbar. Die letzte – wohl ehrliche – Selbstoffenbarung, dass er sie wohl hört, aber nicht versteht, ist wahrscheinlich im Ton von dieser Bewertung getrübt, und vielleicht kommt sie auch zur falschen Zeit. – Also bekommt er sein Bier in anderer Form.

Wo liegt das Problem?

Sie haben sich sicher inzwischen ein Urteil bilden können, wem von beiden das „seelische Rüstzeug für eine wirkliche Begegnung noch fehlt". Dem Tiefseebohrer fehlen Empathie und Echtheit. Hinter dem pseudo-professionellen Gerede fehlt die richtige Einstellung. Er nimmt weder Maria noch ihre Interessen ernst. Vielleicht nimmt er sie nicht einmal richtig wahr, denn er scheint weder ihre Ich-Botschaften noch ihre Appelle und Beziehungsangebote zu verstehen. Er hätte lieber mehr zuhören sollen. Und wenn er aktiv zuhört, verbalisiert er vermeintliche Schwächen und Unzulänglichkeiten. Am Anfang vermeidet er klare Ich-Botschaften und interpretiert lieber herum, und er plant seine Beiträge geradezu strategisch. In seinen spärlichen und späten Ich-Botschaften drückt er sich ganz schön verschroben aus. Wo bleibt da das Persönliche,

Spontane? Wohl deshalb hat Schulz von Thun seine Satire mit dem Titel „Bleiben Se Mensch, Herr Psychologe" überschrieben. Seine Interessen und Wünsche bleiben schön versteckt. Oder wollte er seine Begleiterin wirklich therapieren? Die Appelle sind gar nicht so leicht zu entschlüsseln.

Kein Wunder, dass Maria sich zu fragen scheint: „Wie redet der eigentlich mit mir?" Diese Frage ist die Schlüsselfrage, um den Beziehungsaspekt zu klären. Wie redet er – wie ein Freund, oder wie ein Gegner, der gegen mich kämpft? Wie ein Richter, der über mich urteilt? Wie ein Helfer, dessen Unterstützung ich unbedingt brauche? Diese Beziehungen entstehen aus der Art und Weise, wie wir miteinander umgehen. Dabei spielen die Ich-Botschaften und die Appelle eine besondere Rolle. Und alle Ich-Botschaften, Feedbacks und sonstige Anstrengungen nutzten dem Kneipenpsychologen nichts, weil er den sechsten Gesprächsförderer nicht kannte oder nicht konnte. Stattdessen hat er sich seine Begleiterin zum Gegner gemacht. Merken Sie sich deshalb:

Das sechste, was sie als guter Gesprächspartner verlernen sollten, ist sich den Partner zum Gegner zu machen.

Die Grundlage, die Basis in jedem Gespräch ist die Beziehung zwischen den Gesprächspartnern. Das erscheint im ersten Moment vielleicht erstaunlich. Wir sind gewöhnt, im Gespräch zunächst auf den Inhalt zu achten, und dann spielt die Zielorientierung eine Rolle. Aber vielleicht hat die Lektüre der ersten Kapitel bei Ihnen schon einiges angeregt, oder vielleicht wussten Sie ohnehin schon, dass es um mehr geht.

In der Art, wie ich mich darstelle, mache ich eine Art Angebot. Und mit dem Appell, was ich mir von dem anderen wünsche, entwerfe ich eine Beziehungsdefinition. Durch die Art und Weise, wie mein Partner darauf eingeht, beantwortet er das Angebot und entwirft seine Definition. So entsteht allmählich die Beziehung, in der wir unser Gespräch führen.

So gesehen lag das Problem bei Maria und ihrem Kneipenheld noch auf einer anderen Ebene, nämlich genau dieser Beziehungsebene. Die beiden haben völlig aneinander vorbei geredet. Nun wollen wir Maria keinen Vorwurf machen. Sicher ist es gar nicht so einfach, mit einem solchen Psychoquassler in ein angemessenes Gespräch zu kommen. Aber ausgeschlossen ist es eben auch nicht.

Die Beziehung bestimmt die Bedeutung

In jedem Gespräch macht dieser Prozess einen wesentlichen Teil der Eröffnung aus. Sogar der Gruß spielt dabei schon eine Rolle.

In einem fränkischen Großunternehmen trat ein neuer Vorstandsvorsitzender sein Amt an. Er war ein ausgesprochen freundlicher Mensch, der jeden im Betrieb grüßte. Als Norddeutscher, der er nun mal war, pflegte er „Guten Morgen" oder „Guten Tag" zu sagen. Die Mitarbeiter aus der Region, die traditionell das fränkisch-bayerische „Grüß Gott" als Gruß benutzten, bekamen nun „Guten Tag" von ihm zur Antwort. Einige begannen nun ganz heftig nachzudenken: Wollte der neue Boss sie umerziehen? Wollte er erreichen, dass jeder in der Firma nun „preußisch" reden sollte? Oder war er gar ein Atheist, dem das „Grüß Gott" nicht über die Lippen wollte?

Alle diese Überlegungen waren unsinnig. Der neue Chef wollte wirklich nur freundlich grüßen, und er benutzte einfach die ihm geläufigen Grußformeln. Vielleicht spielte auch eine Rolle, dass er einige Zeit im fremdsprachigen Ausland gearbeitet hatte und nicht mehr gewohnt war, die regionalen Unterschiede in den Grußformeln bewusst wahrzunehmen. Dadurch wurde allerdings die Distanz zu einigen Mitabeitern größer.
In diesem Beispiel haben die Mitarbeiter die Wortwahl als Beziehungsbotschaft interpretiert. Im nächsten Beispiel werden wir sehen, wie die Beziehung die Wortwahl bestimmt.

In unserem Dorf in Oberbayern gilt unter den Einheimischen die übliche Formel „Grieß Eahna" als Abkürzung für das vollständige „Es grüße Sie Gott". Fremde dürfen gern die Abkürzung „Grüß Gott" verwenden. Wer darauf mit „...wenn ich ihn sehe" antwortet, gibt sich als Nordlicht, Ignorant oder Banause zu erkennen. Unter jüngeren Leuten hat sich inzwischen ein einfaches „Hallo" eingebürgert, und zum Abschied das italienische „Ciao". Wer es von zu Hause gewohnt ist, sagt auch noch „Tschüs", also die eingedeutschte Form des französichen „A dieux". Gegen diese preußische Unsitte zog allerdings eine Dorfschullehrerin vehement zu Felde und machte sich für das gute alte „Pfüa di" stark, ungeachtet der Tatsache, dass dies inhaltlich praktisch dasselbe heißt. Sie erregte damit allerdings trotzdem einiges Unverständnis bei den betroffenen Eltern – auch bei denen bayerischer Herkunft. So bleibt die Beziehungsgestaltung trotz „pädagogischer" Bemühungen Sache der Beziehungspartner.

Vom „Ich und Du" zum „Wir"

Für diese Beziehungsgestaltung ist wesentlich, dass eben zwei daran beteiligt sind, Redner und Zuhörer. Der Beziehungsaspekt in jeder Botschaft ist erst einmal ein Beziehungsangebot. Erst die Antwort zeigt, wie das Angebot aufgenommen und zurückgegeben wird. Das einfachste Beispiel dafür ist die Wahl der Ansprache „Du" oder „Sie". Wenn der Partner entsprechend antwortet, ist die Distanz bzw. Nähe der beiden bestimmt. Wer auf eine „Du"-Ansprache mit „Sie" reagiert, macht erst einmal ein Gegenangebot, und die Distanz muss noch ausgehandelt werden. In diesem Beispiel ist der Beziehungsaspekt thematisierbar, die Beziehung wird zum Inhalt, indem über sie geredet wird. Wir kommen später in diesem Kapitel noch einmal kurz darauf zurück, wie Sie darüber reden, wie Sie miteinander reden.

Für die Sprache ungleich wichtiger aber ist die implizite Steuerung der Beziehungsebene. Die meisten Menschen sind es nicht gewöhnt, offen über die Gestaltung der Beziehung zu reden. Selbst Ehepaare scheinen hier keine große Ausnahme zu machen, wenn man den einschlägigen Artikeln und Büchern Glauben schenken darf. In der Regel entwickelt sich die Beziehung aus der Art und Weise, wie wir die Inhalte und Appelle formulieren. Erinnern Sie sich doch einmal an die Abstufung der Appelle zurück. Wenn ich zaghaft und mit vielen Entschuldigungen bitte, mache ich mich zum Bittsteller und den Partner zum Boss. Wenn ich befehle und fordere, bin ich der Boss und der andere hat zu parieren. Einige besonders schöne Muster können Sie sich im nächsten Abschnitt anschauen.

„Rollenspiele"

Die Gestaltung von Beziehungen können Sie auch als unter dem Gesichtspunkt betrachten, in welchen „Rollen" wir miteinander reden oder zusammenarbeiten. Karpman[9] hat in vielen Beziehungen ein gewissermaßen „magisches Dreieck" von Rollen gefunden, die sich auf einander beziehen. Da ist zum einen der „Retter": Er will gerne helfen, und deshalb braucht er jemand, dem er helfen kann. Und dafür bieten sich besonders gerne „Opfer" an. In der Opfer-Rolle sind wir vor allen Dingen unschuldig; weil wir nicht wussten/konnten/keine Zeit hatten. Das Opfer ist kindlich, schüchtern, naiv, und hilflos – deshalb braucht es den Helfer. Das Pech der Opfer besteht darin, dass sie oft nicht auf Helfer treffen, sondern auf „Verfolger": Diese dynamischen, Zeitgenossen kritisieren, befehlen, klagen an und wollen beweisen, dass das Opfer eben doch schuld ist.

Mit diesem Modell können wir die Geschichte vom Anfang dieses Kapitels noch weiter aufklären. Sie erkennen unschwer unseren Helden wieder, der mit Maria in der Kneipe saß und seine Gesprächsfertigkeiten – leider mit geringem Erfolg – übte. Mit seinem pseudopsychologischen Gehabe spielte er sich als Helfer auf, wobei seine Beurteilung von Marias Verhalten durchaus auch einige Verfolger-Elemente durchschimmern ließ.

[9] Zitiert nach Leonhard Schlegel, Die manipulativen Rollen oder das Drama-Dreieck nach Karpman, in: L. Schlegel, Die transaktionale Analyse, Francke UTB, Tübingen, 1988 III, S. 148–151.

Und Sie können jetzt erkennen, dass seine Rettungsversuche scheitern mussten, weil Maria nun einmal nicht sein Opfer spielen wollte – sie brauchte im Biergarten keinen Berater.

Das Besondere an Karpmans Modell besteht darin, dass wir im Verlauf eines Gesprächsprozesses die Rollen wechseln können, je nachdem, wie der andere mitspielt oder nicht. Gerade weil unser Biergartenfreund Maria als Opfer „missbraucht", hat er um so mehr Schwierigkeiten, sie als eigenständige Person mit den ihr eigenen Wesenszügen, Interessen und Fähigkeiten zu respektieren. Zwar bewundert er ihre natürliche Art, doch gleichzeitig hält er sie auch für psychologisch ungebildet und macht sich Gedanken, was ihr alles schwer fällt. Das macht es ihm vielleicht leichter, nicht bemerken zu müssen, was ihm selbst schwer fällt. Psychologen nennen dieses Phänomen „Projektion". Dann kann es nur zu leicht geschehen, dass das „Opfer" sich auch zu wenig ernst genommen fühlt und zur Wehr setzt – es wird zum Verfolger. Und genau das ist in der Bier-Attacke passiert. Es könnte auch anders weitergehen, etwa dass der Retter sich über sein Opfer zu ärgern beginnt, weil es seine Erwartungen nicht erfüllt, ungehalten reagiert und so unversehens zum Verfolger wird. Und einige Tendenzen dieser Art waren in der Geschichte auch zu erkennen.

Ein Beispiel einer solchen Rollenverschiebung habe ich neulich erlebt. Die Erfahrung, wie wohl oder unwohl man sich in jeder der drei Rollen fühlt und wie man mit ihr umgeht, ist ganz hilfreich. Also werden in einem Seminar Grüppchen von drei Leuten zusammengestellt, jeder übernimmt eine der drei Rollen und argumentiert munter drauf los. In einer Gruppe hatte der Verfolger das Opfer schon heftig angegriffen, kritisiert und angeklagt. Da griff endlich der Retter ein, dass das Opfer doch auch zu Wort kommen müsse. Während seiner Argumentation redete der Retter immer mehr und mehr. Nach einiger Zeit hatte der Verfolger zwar seine Angriffe eingestellt und sich auf die Diskussion mit dem Retter eingelassen. Aber in dieser Diskussion war und blieb das Opfer immer noch Opfer. Es war jetzt Opfer einer ausführlicheren Analyse geworden, warum und weshalb es so sei wie es sei und tut was es tut und überhaupt... und zu Wort kam das Opfer immer noch nicht.

Echte Partnerschaft statt Rollenklischees

Die Lösung für dieses Problem hat uns Maria im Eingangsbeispiel zum Teil bereits vorgemacht. Sie heißt: Steigen Sie nicht auf das „Rollenspiel" ein! Sie hat sich einfach nicht zum Opfer einer psychologischen „Behandlung" machen lassen. Allerdings war der Gegenangriff mit dem Bier schon ein Stückchen Einstieg in das Rollendrama, damit wurde sie selbst zum Angreifer. Es geht auch einfacher – wenn auch nicht so schön eindrucksvoll. „Das wird mir jetzt zu kompliziert, ich rede in der Kneipe lieber über einfache Themen. Schlag doch du mal was vor!" hätte vielleicht auch gereicht. Denn ein Punkt, an dem das Gespräch in der Kneipe auch gescheitert ist, ist der fehlende Ausgleich unterschiedlicher Interessen. Während Maria anscheinend einfach ein nettes Gespräch über einige wenig tiefschürfende Themen sucht, um ihren Begleiter besser kennen zu lernen, sorgt er mit seinen „Tiefgängen" dafür, dass ihr das besser gelingt, als ihr vielleicht lieb ist. Richtig spannend wäre die Situation geworden, wenn Maria als Helfer eingestiegen wäre und ihren Begleiter damit links überholt hätte....

Am Gestalten der Beziehung sind immer beide beteiligt. Wenn jemand den „Retter" spielt, müssen wir uns nicht automatisch als Opfer zur Verfügung stellen. Das hat gar nichts damit zu tun, dass wir uns in einer schwierigen Situation nicht gerne von einem Freund oder auch von einem professionellen Berater helfen lassen. Das macht genau den Unterschied in einer partnerschaftlich definierten Gesprächsbeziehung, dass beide ihren Gestaltungsspielraum ernst nehmen. Mein Freund, den ich um Hilfe bitte, muss nicht in das Helferspiel einsteigen – er kann entweder wirklich helfen, statt die Hilfe nur zu spielen, oder er kann ganz offen sagen: „Du, da kann ich dir auch nicht helfen, da weiß ich einfach keinen Rat", und trotzdem – oder gerade deswegen – mein Freund bleiben. Genau so, wie es in einer Beziehung sinnvoll ist, Wünsche einzubringen, genau so sinnvoll ist es, dass der Partner diese Wünsche auch ablehnen darf!

Das Risiko besteht also einerseits darin, die Rollen klischeehaft zu übernehmen, und zum andern, auf ein Rollenspiel mit der Ergänzungsrolle einzusteigen, ohne zu merken, dass und wie man sich in diese Rolle hat hineinmanipulieren lassen. Die Lösung heißt, sich selbst und den Gesprächspartner als Partner ernst zu nehmen. Dieses „ernst nehmen" geht natürlich am leichtesten, wenn der Partner auch dabei mitmacht. Deshalb ist es sinnvoll, einige Möglichkeiten zu kennen und zu üben, wie Sie einen Gesprächsteilnehmer zum Partner machen.

Das sechste,
was sie als guter Gesprächspartner
lernen sollten,
ist das Gegenüber zum Partner gewinnen.

Die wichtigsten Regeln kennen Sie bereits. Nehmen Sie ihn ernst – das merkt er am ehesten an der Art und Weise, wie Sie sich für seine Meinung interessieren. Hier sind aktiv zuhören und offene Fragen sehr hilfreich. Und – denken Sie an unseren Helden aus der Kneipe – nur, wenn Sie sich wirklich dafür interessieren! Sonst merkt der andere die Absicht und ist verstimmt. Tun Sie etwas für die Offenheit im Gespräch – gehen Sie mit klaren Ich-Botschaften voran. Sagen Sie klar, was Sie wollen und was Sie sich wünschen – und wenn der andere dazu „nein" sagt, wissen Sie wenigstens, woran Sie sind, und haben darüber hinaus die gute Seite Ihres Partners entdeckt, nämlich dass er genauso offen ist. Verzichten Sie auf nutzlose Appelle und Befehle, bieten Sie dem Partner etwas an, was ihm wirklich nutzt. Reden Sie so, dass er Sie versteht und weiß, was Sie meinen, und damit etwas anfangen kann. Dann sind Sie mit dem „Ich und Du" schon ganz schön weit.

Das echte Wir entsteht in der Gemeinsamkeit

Wie kommen wir am besten zum wirklichen, weil wirksamen „Wir"? Das echte Wir wird vom Du und Ich getragen. Offene Ich-Botschaften, klare und direkte Partneransprache können dabei helfen. Der Weg führt über die Gemeinsamkeiten. Wenn ein Partner diese Kunst beherrscht, kann er viel dazu beitragen, seine Gespräche konstruktiv zu gestalten. Und wenn sich beide Partner daran halten, ist diese Gemeinsamkeit immer zu finden – sie können sich ja auch einigen, ein Gespräch zu beenden, und zwar im Guten!

Ein historisches Zitat, das Verbundenheit und Gemeinsamkeit wie kaum ein anderes auszudrücken vermochte, ist Kennedys berühmtes „Ich bin ein Berliner". Die gemeinsam erlebte Situation, die gemeinsame Umwelt bieten die einfachsten Aufhänger. Vielleicht reden viele deshalb so gern über das Wetter. Noch besser sind gemeinsame Erfahrungen, die bieten auch schon ein Stück gemeinsame Historie. Am besten sind gemeinsame Erfolge, besonders dann, wenn der Partner einiges zu dem Erfolg beigetragen hat. Noch nicht ganz so real, aber in ähnlicher Wiese positiv und vielleicht besonders motivierend sind gemeinsame Chancen in der Zukunft: Gemeinsame Visionen, Ideen, Ziele und Vorhaben. Wirklich ist, was wirkt – und oft sind Ideen mindestens genau so wirklich wie Erfahrungen.

Besonders beziehungsstiftend ist die Zugehörigkeit zu einem übergeordneten, gemeinsamen Ganzen. „Wir Deutschen" sind immer dann ein Herz und eine Seele, wenn unser Team auf der Olympiade mal wieder gewonnen hat – oder gilt das nur für uns Sportler? Wir Kommunikationskünstler können uns leicht darauf verständigen, dass wir alle diese Gesprächsregeln unter unseresgleichen natürlich nicht päpstlicher nehmen müssen als der Papst. Wir Akademiker können uns augenzwinkernd darauf einigen, dass eine Viertelstunde wirklich keine relevante Zeitspanne ist.

Die Gemeinsamkeiten entwickeln

Sie können die Beziehung also über die gemeinsame Situation entwickeln, aber auch über gemeinsame Erfahrungen in der Vergangenheit, gemeinsame Interessen in der Gegenwart und gemeinsame Visionen und Ziele für die Zukunft. Die wesentlichste Gemeinsamkeit für eine funktionierende Beziehungsebene in dem Gespräch ist die gemeinsame Beziehungsdefinition. Wie einigen wir uns darüber, wie wir in diesem Gespräch miteinander umgehen wollen und wie nicht? Welche Rollen sind erwünscht und erlaubt, welche sind eher störend oder „verboten" – was hier soviel heißt wie: führen zum Abbruch des Gesprächs? Die Beziehung wird tragfähig, wenn wir uns auf unseren „Knigge" einigen.

Der Beziehungsaspekt bezieht sich natürlich erst einmal nur auf dieses jeweilige Gespräch. Sie müssen und sollen nicht jeden Gesprächspartner mögen, lieben oder sogar heiraten. Mit „Beziehung" ist hier nicht die monogame Partnerbeziehung gemeint, sondern einfach die Art und Weise, wie sich im Gespräch die beiden Gesprächspartner auf einander beziehen – wie sie miteinander reden, und wie dieses Reden zu ihrem Miteinander führt.

Jedes Gespräch trägt auf irgendeine Art und Weise zur Befriedigung unserer sozialen Bedürfnisse bei. Alleine die Tatsache, dass jemand mit mir redet, ist dafür schon wertvoll. Die Art und Weise, wie der Partner mit mir redet, trägt dazu bei, ob ich mich akzeptiert, anerkannt, geschätzt und gewürdigt fühle. Und auf dieser Bedürfnisstufe entscheidet sich meistens, ob ich mit dem Beziehungsaspekt in einem Gespräch zufrieden bin. Das gleiche gilt natürlich auch für den Partner. Streben beide die gleiche Beziehung an, ist die Einigung recht einfach, sie geschieht meist mehr oder weniger unbewusst und ohne ausdrückliche Diskussion darüber – die Beziehungsaspekte werden in der Sachebene verpackt und dabei gut genug ausgetauscht, verstanden und berücksichtigt.

Diese Einigung ist schon nötig für eine so „einfache" Sache wie die Verteilung: Wer redet, wer hört zu? Wissen Sie, wie oft Störer wie weghören, unterbrechen und dazwischenreden ein befriedigendes Gespräch unmöglich machen? Noch wichtiger wird es beim Einigen auf ein Thema: Worüber wollen wir zuerst reden, über dein Thema, mein Thema oder unser Thema? Wie Sie aus den abschreckenden Beispielen in der Einführung wissen, ist Parallellreden mit verschiedenen Themen nur im Kabarett lustig.

Dabei gibt es eine ganz pragmatische Lösung. Sie setzt allerdings ein gesundes Selbstbewusstsein voraus. Lassen Sie dem Partner den Vortritt! „Der Klügere gibt nach", sagt der Volksmund. Das Beispiel hinkt hier, denn erstens geht es nicht um Klugheit, und zweitens geht es auch nicht um Nachgeben. Es geht eher um Flexibilität, und es geht um den für beide gangbaren Weg, eine Basis für das aktuelle Gespräch aufzubauen. Dabei ist es relativ gleichgültig, ob es sich um eine kurze Frage zwischen Tür und Angel oder ob es sich um eine vierwöchige Verhandlungsrunde über wichtige Verträge für die nächsten zehn Jahre handelt. Wenn Sie dem Partner den Vortritt lassen und die nötige Flexibilität entwickeln, können Sie im nächsten Schritt die Richtung vorschlagen. Das klingt in dieser Form recht abstrakt, deshalb einige Beispiele dazu.

Sie können den Partner reden lassen, ihm dabei zuhören und seine Interessen zusammenfassen – das ist aktiv zuhören, Stufe vier oder fünf. Dann formulieren Sie Ihre Interessen, fassen noch einmal alle Interessen beider Seiten zusammen und fragen: *Wie können wir das gemeinsam erreichen?*
Sie können in einer klaren Ich-Botschaft Ihr Interesse, wie Sie gerne angesprochen werden und wie Sie gerne reden möchten, offen äußern und sich mit dem Partner darüber einigen. Wenn er sich daran nicht hält, haben Sie eine Grundlage, das direkt anzusprechen. Solche „Regeln" sind: Welche Wörter sind erlaubt, welche Lautstärke? Darf in dieser Beziehung gewünscht, gefordert werden? Welche Bedingungen sind dabei einzuhalten?

Dieses Reden über die Art des Redens ist eine Art „Reden über das Reden", das von Kommunikationsexperten auch gerne „Metakommunikation" genannt wird. Dazu gehört auch die Rückmeldung an den Partner, wie seine Beiträge bei Ihnen ankommen. Dieser spezielle Punkt, das „Feedback", wird im nächsten Kapitel ausführlich behandelt. Aber Vorsicht – oft wiederholen sich auf der „Meta-Ebene" des Gesprächs die gleichen Probleme wie im Gespräch selbst. Wenn der Versuch missglückt, kann es Freibier für das Hemd geben.... Gehen Sie deshalb sehr behutsam und vorsichtig damit um.

Eine in der Praxis sehr wirksame und konstruktive Möglichkeit, dem Partner den Vortritt zu lassen, soll dieses Kapitel abschließen.

Die neue Körpersprache

Körpersprache – also Haltung, Gestik, Mimik und Phonetik – spielt auch unter dem Aspekt der Beziehung eine große Rolle. Sie ist, wie schon im vierten Kapitel beschrieben, Chance und Risiko gleichzeitig. Die Chance besteht in zusätzlicher Information.

Das Risiko besteht darin, dass jedes Warten auf „verräterische" Signale das Gespräch weniger offen und weniger kooperativ werden lässt. Jedes Überlegen, jedes Nachdenken über die Botschaft des Partners führt zu mehr „Denken über" statt zu spontanem „Reden mit" dem Partner. Das heißt in unserer Sprache: Das Nachdenken über die Selbstdarstellung des Partners geht leicht zu Lasten des Beziehungsaspektes. Die Interpretation – und dabei handelt es sich beim Deuten von Körpersprache immer – wird deshalb von vielen namhaften Kommunikationsexperten als „Gesprächsstörer" eingestuft. Für das Gespräch im privaten und beruflichen Alltag ist es wichtig, sich auf das gesprochene Wort verlassen zu können. Sicher ist es hilfreich, wenn ich mich in Wort und Körpersprache stimmig ausdrücken kann, und das ist ja auch genau das, was die Wirkung guter Redner ausmacht. Aber ich habe keinen Anspruch darauf, dass jeder Gesprächspartner es seinerseits genauso hält. Und Sie erinnern sich: Für die wichtigen Signale des Partners müssen Sie Körpersprache nicht professionell trainiert haben. Dafür genügt die normale menschliche Intuition.

Aber gerade für den Beziehungsaspekt ist Körpersprache unverzichtbar. Wenn wir Körpersprache im wahrsten Sinn des Wortes als Sprache verstehen, ist es wichtig, über die Ebene der einseitigen Zeichendeutung hinauszugehen und Ausdruck nicht nur als Information zu sehen, sondern als Interaktionsangebot. Es kommt gar nicht so sehr darauf an, Körpersprache wirklich genau zu verstehen – das lernen auch Fachleute nur sehr bruchstückhaft, langwierig und recht mühsam. Wichtig ist vielmehr, darauf einzugehen und körpersprachlich zu antworten. In der Forschung zum Kontaktverhalten, in dem z.B. auch Flirts untersucht wurden, haben sich die ersten Interaktionen als entscheidend für die weitere Beziehung herausgestellt. Wenn ein Partner Blickzuwendung anbietet, kommt es darauf an, wann und wie der andere Partner den Blick erwidert und so Blickkontakt schafft. Dieses Einstellen auf den Partner geschieht hauptsächlich in der Körpersprache durch Angleichen der Gestik, der Mimik, der Haltung, des Abstandes, der Blickführung und vieles andere mehr.

Körpersprache ist Beziehungssprache

Wohlgemerkt: die wesentliche Erkenntnis besteht darin, dass es nicht um einige wenige oder viele klare Signale geht, sondern um das Angleichen. Wenn ein Partner schüchtern auf seine Schuhe starrt, dann ist es eben nicht hilfreich, ständig seinen Blickkontakt zu suchen – sondern Sie schauen besser auch auf den Boden (oder auch auf Ihre Schuhe). Wenn ein Mitreisender im Abteil durch das Fenster nach draußen sieht, kommen Sie besser mit ihm ins Gespräch, wenn Sie auch nach draußen schauen. Wenn der Partner zurückgelehnt und lässig in seinem Stuhl lümmelt, können Sie ihn nicht an den Tisch holen, indem Sie sich weit vorwärts auf ihn zu neigen – er wird eher noch weiter zurückweichen.

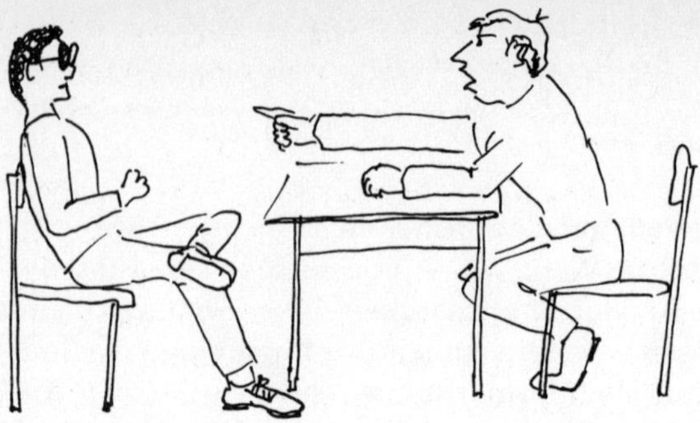

Wir alle kennen dieses Phänomen. Immer, wenn ein Gespräch in sehr guter Atmosphäre verläuft, sprechen Partner in der gleichen Haltung, mit ähnlichen Bewegungen, mit ähnlicher Lautstärke im selben Tempo miteinander. Wird einer lauter und der andere leiser, einer schneller und der andere langsamer, dann ist das meist ein Zeichen, dass etwas nicht mehr stimmt. Achten Sie einmal darauf, wenn Sie demnächst wieder einmal im Restaurant oder Cafe sitzen – bei welchen Paaren an den Nachbartischen können Sie diese Erscheinung verfolgen? Wir alle beherrschen dieses Wechselspiel der Körpersprache in einem gewissen Ausmaß – wenn wir uns mit dem Partner wohlfühlen. Die Kunst besteht darin, es für Situationen zu üben, in denen wir uns noch nicht auf Anhieb mit unserem Partner verstehen, um einen besseren Zugang zu ihm zu finden.

Wir alle können dieses Angleichen der Körpersprache lernen, damit der Partner sich mit uns wohl fühlt! Das heißt nun nicht, dass Sie Ihren Partner in allen seinen Bewegungen nachturnen sollen. Genauso wie es einen Wechsel von Rede und Anwort gibt, genauso gibt es einen Wechsel in der Gestik: Der Sprecher gestikuliert in der Regel, der Zuhörer aber nicht. Erst wenn der Zuhörer antwortet und damit selbst zum Sprecher wird, setzt er seine Gestik ein. Er wird sich aber ähnlich schnell oder langsam, ähnlich kurz oder weit ausholend bewegen wie sein Partner. Auch in der Haltung können beide sehr ähnlich sein, und in der Mimik kann der Zuhörer den Sprecher durchaus begleiten: Man kann auch beim zustimmenden Kopfnicken das gleiche Tempo einsetzen, das der Sprecher bei seiner Gestik hat. Natürlich kann man das alles übertreiben. Aber in dem Moment, wo das Angleichen zum Nachahmen oder gar zum Nachäffen ausartet und unnatürlich wirkt, ist der positive Effekt in sein Gegenteil verkehrt. Der Partner wird sich daran stören und sich fragen, was das sonderbare Gehabe soll. Und unnatürlich werden die Bemühungen immer dann, wenn wir unsere natürlichen Bewegungsmuster verlassen, wenn wir etwas probieren, was uns gar nicht liegt und was wir noch gar nicht können.

Auf dem Papier liest sich das vielleicht seltsam, wenn man die Beobachtungen in der Praxis noch nicht gemacht hat. Deshalb ist es aufschlussreich, wenn Sie in der nächsten Zeit einmal die Augen offen halten und auf solche Anpassungsprozesse achten. Genau genommen ist dieses Angleichen die Voraussetzung, uns in den Partner einfühlen zu können, die Voraussetzung für echte Empathie. Im NLP[10], einer modernen Richtung in der angewandten Psychologie, ist es als wichtigste Voraussetzung für eine erfolgreiche Gesprächsführung erkannt worden: „Wer einen anderen führen will, muss ihn dort abholen, wo er gerade ist". In der Gesprächsführung lässt sich diese Regel durch Beobachten der Interaktion in der Körpersprache beweisen.. Mit dem interaktiven Einsatz der Körpersprache wird der „gute Draht" zum Partner aufgebaut. Nicht umsonst reden wir von der „gleichen Wellenlänge": Viele Bewegungsmuster gleichen wirklich Wellen, die in gleichem Rhythmus und in gleicher Amplitude zwischen den Partnern schwingen.

Diese Kunst des Eingehens auf andere entspricht körpersprachlich dem Aktiven Zuhören. Mit diesem Hintergrund

[10] NLP bedeutet „Neuro-Linguistisches Programmieren" und arbeitet mit den Kenntnissen über **N**euronale Verknüpfungen in unserem Nervensystem, **L**inguistik, also Sprache, und deren Zusammenhang in Wahrnehmen, Verarbeiten wie Denken oder Fühlen, und Verhalten. Diese Verarbeitung folgt Regeln, die wir in unbewussten „**P**rogrammen" anwenden. Angleichen, „Pacing", ist ein automatisches Kontaktprogramm.

verstehen Sie noch viel besser, dass es beim Zuhören auf Stufe eins und zwei nicht bloß um Zuwenden und Quittieren geht. Auch die Art und Weise, wie Sie sich zuwenden oder wie Sie quittieren, trägt wesentlich dazu bei, wie gut der Sprecher sich akzeptiert und unterstützt fühlt. Ohne dieses Wissen hätten Sie keinen Hinweis darauf, wieviel Zuwendung „zuviel" Zuwendung bedeutet. Jetzt können wir dieses „Zuviel" recht leicht beschreiben: Alles, was weit über die „Vorlage" im Verhalten des Partners hinausgeht. Und das Eingehen auf die körpersprachlichen Begleitsignale entspricht dem Verbalisieren auf Stufe vier. Es kann in seiner Wirkung den Effekt von Nachfragen und ähnlichen Techniken weit übertreffen.

Diese Kunst der „Mikrosteuerung" ist in vielen Fällen das eigentliche Erfolgsgeheimnis eines guten Gesprächs. Körpersprache ist eine elegante Möglichkeit, Gemeinsamkeit herzustellen, ohne viel darüber zu reden. Das erklärt, warum die „neue" Körpersprache, nämlich ihr Wirken in der Interaktion, viel wichtiger und nützlicher ist als eine noch so gekonnte Interpretation auf der Einbahnstraße.

Zusammenfassung zum Gesprächsförderer Nr. 6: Partner gewinnen

- Klare Angebote in Ich-Botschaften
- Klare, nutzenorientierte Appelle
- Gemeinsame Körpersprache
- Gemeinsame Situation ansprechen
- Gemeinsame Erfahrungen
- Gemeinsame Interessen
- Gemeinsame Ziele und Visionen

7. Wirkungen und Auswirkungen

Wie Sie mit jemandem darüber reden können, wie er mit Ihnen redet

Es war einmal eine alte Geiß, die hatte sieben junge Geißlein und hatte sie lieb, wie eine Mutter ihre Kinder liebhat. Eines Tages wollte sie in den Wald gehen und Futter holen. Da rief sie alle sieben herbei und sprach: „Liebe Kinder, ich will hinaus in den Wald. Seid auf der Hut vor dem Wolf! Wenn er hereinkommt, frisst er euch alle mit Haut und Haar. Der Bösewicht verstellt sich oft. Aber an seiner rauhen Stimme und an seinen schwarzen Pfoten werdet ihr ihn erkennen."

Die Geißlein sagten: „Liebe Mutter, wir wollen uns schon in Acht nehmen, Ihr könnt ohne Sorge fortgehen." Da meckerte die Alte und machte sich getrost auf den Weg.

Es dauerte nicht lange, so klopfte jemand an die Tür und rief: „Macht auf, ihr lieben Kinder, euer Mütterlein ist da und hat jedem von euch etwas mitgebracht!" Aber die Geißlein hörten an der rauhen Stimme, dass es der Wolf war. „Du bist unsere Mutter nicht," riefen sie. „Die hat eine feine und liebliche Stimme. Deine Stimme aber ist rauh; du bist der Wolf."

Da ging der Wolf zum Krämer und kaufte sich ein Stück Kreide; die fraß er und machte damit seine Stimme fein. Dann kam er zurück, klopfte an die Tür und rief: „Macht auf, ihr lieben Kinder, euer Mütterlein ist da und hat jedem von euch etwas mitgebracht!" Aber der Wolf hatte seine Pfote ins Fenster gelegt. Das sahen die Kinder und riefen: „Du bist unsere Mutter nicht; unsere Mutter hat keinen schwarzen Fuß wie du: du bist der Wolf!" Da ging der Wolf zum Bäcker...

Sie wissen, wie die Geschichte weitergeht. Das für uns hier relevante Kommunikationsgeschehen ist allerdings schon vollständig dokumentiert: Die Geißlein gaben dem Wolf Feedback, und auf der Basis dieser Feedback-Qualität konnte der Wolf die notwendigen Verhaltensänderungen vollziehen. – Was folgt daraus?

Das siebte, was Sie als guter Gesprächspartner verlernen sollten, ist die Angst vor Kritik.

Kritik ist die im Alltag häufigste Form von Feedback. Wenn Sie sich um die Förderung von Gesprächen kümmern wollen, kommen Sie ohne diesen letzten Punkt kaum aus. Feedback ist einer der Fachbegriffe in der Kommunikationspsychologie, die sich nur schwer ins Deutsche übersetzen lassen, ohne wesentliche Aspekte ihrer Bedeutung zu verlieren. Er beschreibt – grob gesagt – den Vorgang im Kommunikationsablauf, die Wirkung einer Botschaft beim Empfänger an den Sender zurückzumelden. Hierbei entsteht natürlich eine Rückwirkung auf den Sender, die den weiteren Kommunikationsprozess beeinflusst.

In der Psycho-Welle der 60er und 70er Jahre entwickelte sich eine regelrechte „Feedback-Kultur". Es gehörte sich einfach, dem Partner zu erzählen, wie er auf mich wirkt. In Kursen wurden auch „Feedback- Dialoge" trainiert, in denen man sich über die gegenseitige Wirkung austauschte. Diese Methoden, aus dem Encounter-Training entwickelt, trugen sehr zum gegenseitigen Verständnis und zum besseren Kontakt bei.

Das Johari-Modell

Die Bedeutung von Feedback wird häufig am Modell von Joe Luft und Hary Ingham verdeutlicht, dem so genannten „Johari-Fenster". Es enthält vier Felder, die sozusagen durch das „Fensterkreuz" abgeteilt sind. Die vier Bereiche ergeben sich durch die Überlegung, was in der Kommunikation zwischen zwei Partnern jeweils einem oder beiden bekannt ist oder nicht.

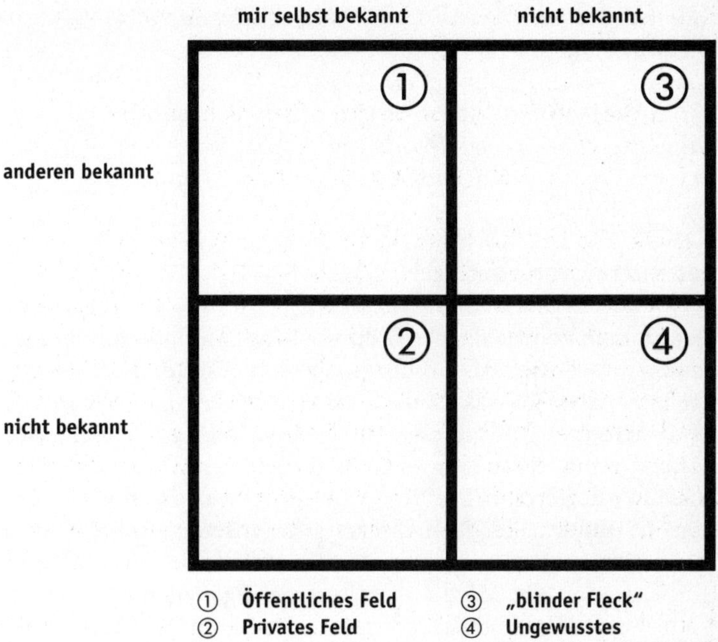

Im „öffentlichen Feld" finden sich Verhaltensweisen, die sowohl mir als auch dem anderen bekannt sind. Im „privaten Feld" dagegen ist alles, was mir zugänglich ist, aber anderen nicht. Wichtig für Feedback ist besonders der „blinde Fleck" – das dritte Feld – über den ich selbst nichts weiß, andere aber schon. Diese Information ist mir nur dann zugänglich, wenn ich von anderen Feedback darüber erhalte. Umgekehrt ist das „private Feld" wichtig, um anderen Feedback geben zu können. Denn nur ich kann wissen, wie ein anderer auf mich wirkt. Schließlich gibt es noch das Feld, das weder mir noch anderen zugänglich ist, das „Ungewusste" – viele verbinden das sofort mit dem „Unbewussten".

Als Redner beispielsweise ist mir und meinen Zuhörern bewusst, was ich sage. Einen meiner Meinung nach kritischen Sachverhalt spreche ich absichtlich nur kurz und mit wenig Betonung an: das ist mein „privates Geheimnis". Allerdings sage ich dabei viermal „äh" ohne es zu merken. Das ist wiederum mein „blinder Fleck", denn meine Zuhörer hören das „äh" wohl und machen sich vielleicht auch ihren Reim darauf. Außerdem benutze ich die Worte „obgleich" und „obwohl"; aber diesen feinen Unterschied merken weder die Zuhörer noch ich – es bleibt ungewusst und unbewusst.

Der Nutzen von Feedback

Der Nutzen von Feedback ist durch dieses Modell unmittelbar ersichtlich. Durch das Feedback, das ich erhalte, kann ich zunächst einmal das aktuelle Gespräch verbessern. Wenn ich weiß, wie mein Gesprächsverhalten bei meinem Partner ankommt, weiß ich auch, was nicht gut ankommt und wie ich es besser korrigieren sollte. Ich weiß auch, was gut bei ihm ankommt und was ich deshalb verstärkt einsetzen könnte. Aber wenn ich über meine eigenen Beiträge Aufschluss erlange, gibt mir das auch die Möglichkeit, meine eigenen unbewussten Verhaltensweisen besser kennen zu lernen und auch in anderen Gesprächen erfolgreicher einzusetzen. Feedback bietet eine Möglichkeit, unsere eigene Sicht mit dem Bild, das ein anderer von uns hat, zu vergleichen. Es ermöglicht dadurch eine wertvolle Korrektur für unser Selbstbild.

Das Gleiche gilt natürlich auch für Feedback, das ich meinem Partner anbiete. Da nur ich selber merke, welche Wirkung mein Partner auf mich hat, bin ich derjenige, der ihn am einfachsten darüber aufklären kann. Wie oft haben Sie nicht schon gedacht: „Ja, merkt der denn nicht, dass..." – und dann die Erfahrung gemacht, dass er eben nicht von selbst das merken kann, was Ihnen so offensichtlich auffällt. Wenn Sie also darauf warten, bis der Partner von selbst sein Gesprächsverhalten ändert, können Sie unter Umständen sehr lange warten. Das heißt nun nicht, dass Sie ihn bedingungslos mit Ihrem Feedback und Ihren Änderungswünschen bombardieren können oder sollen. Das heißt vielmehr, dass Sie mit einem richtigen, dosierten Einsatz von Feedback am ehesten die Chance haben, auch Ihren Gesprächspartner zur Veränderung seines Gesprächsverhaltens und zur konstruktiven Mitarbeit am Gespräch zu gewinnen.

Das siebte,
was Sie als guter Gesprächspartner lernen sollten,
ist akzeptables Feedback geben.

In Gesprächen, ob unter vier Augen oder in Gruppen, ist das Feedback der Beteiligten untereinander ein wesentlicher Hinweis für die Qualität des Gesprächsklimas. Es gibt vor allem Aufschluss über die Qualität der Beziehungen und der Zusammenarbeit, sowie für deren Entwicklung und Fortschritt.

Akzeptabel formulieren

Wenn Sie einem Partner ungefragt Ihre Meinung aufdrängen, wenn sein Gesprächsverhalten negativ auf Sie wirkt, sind wir wieder bei den schönsten Gesprächsstörern vom Anfang dieses Buches – und bei einem Kernproblem des Feedback. Der Partner wird sich angegriffen fühlen. Er klappt gewissermaßen sein Visier herunter. Das ist eine ganz natürliche Reaktion. Dadurch schützt der Partner sein Selbstbild und damit auch sein Selbstwertgefühl. Wenn Feedback ungeschickt angeboten wird, erkennen Sie es oft daran, dass der angesprochene Partner anfängt, sich zu rechtfertigen oder die genannten Punkte zu bestreiten: „Aber das war doch ganz anders...!"

Die Kunst, Feedback akzeptabel zu formulieren, wird deshalb schon seit einiger Zeit in Kommunikationstrainings geübt. Aus Erfahrung entwickelten sich die Regeln: „Erst Verhalten beschreiben – wertneutral und nachvollziehbar – dann erst die Wirkung dieses Verhaltens auf den Partner ansprechen." Dazu wird noch empfohlen, mit „Ich-Botschaften" zu arbeiten, also die eigene Subjektivität offen auszusprechen. Das lässt sich gut begründen.

Wenn Sie Verhalten so beschreiben, dass es für den Partner wertneutral und nachvollziehbar wird, schaffen Sie eine gemeinsame Basis. Das ist eine Voraussetzung für eine positive Beziehung. Wertneutral heißt, dass in die Beschreibung noch keine bewertenden Elemente eingehen. „Mit dem Fuß wippen" ist eher wertneutral, „nervös mit den Füßen zappeln" eher abwertend. „Du grinst" hat eine andere Bewertungskomponente als „du lächelst". Versuchen Sie doch einmal, den Unterschied wertneutral zu beschreiben. Mit klaren Beschreibungen machen Sie Ihre Botschaft für den Angesprochenen leichter akzeptabel.

Nachvollziehbares schafft eine gleiche Basis. Sie sprechen von einer Verhaltensweise, an die der Partner sich erinnern kann. Wenn wir „kalten Kaffee aufwärmen" und längst Vergangenes ansprechen, hilft auch die noch so akribische Beschreibung subtiler Verhaltensweisen nichts. „Sie haben in der Sitzung im letzten Monat im dritten Satz Ihrer Argumentation viermal das Wort ‚Unsinn' benutzt". Das mag sogar stimmen, ist aber für den Partner beim besten Willen nicht mehr nachvollziehbar. In seiner Erinnerung sind diese Verhaltensweisen nicht mehr aktuell. Der Partner hat dann oft nur das Gefühl, unter Beobachtung zu stehen.

Eine gut nachvollziehbare Verhaltensbeschreibung lässt sich in der Praxis daran erkennen, dass der Partner neugierig wird und nachfragt. Wenn er bei der Beschreibung sein Verhalten wiedererkennt: „Ja, genau, so habe ich das gemacht" – dann wird er neugierig darauf, was dieses Verhalten für seinen Partner bedeuten könnte. Diese Erwartungshaltung begünstigt seine Akzeptanz für den wesentlichen Teil des Feedback: die nachfolgende Bewertung seines Verhaltens und dessen Wirkung auf den Partner. Nur dann ist Feedback wirksam.

Positiv und negativ, generell und spezifisch

Feedback hat in den allermeisten Fällen für die Gesprächspartner zunächst einmal die Bedeutung, positiv oder negativ zu sein. Bin ich bei meinem Partner gut oder weniger gut angekommen? Werde ich nun gelobt oder getadelt? Durch diesen Filter werden alle Feedbacks gewertet. Dabei ist positives Feedback natürlich willkommener. Es stärkt nicht nur den Selbstwert des angesprochenen Partners, sondern auch die Beziehung zu dem, der ihn so positiv anspricht.

Das gilt besonders dann, wenn in dem positiven Feedback gar nicht auf ein spezielles Verhalten eingegangen wird, sondern auf die ganze Person. Diese Art von unspezifischem Lob kennen Sie als Kompliment. Wichtig bei dem Einsatz im Feedback ist dabei, dass Sie nicht übertreiben. Das Lob soll der Situation und auch Ihrer Beziehung zu dem Gelobten angemessen sein. Wenn ein kleines Kind ganz alleine ein Bild gemalt hat, ist ein begeistertes „Du bist toll!" viel eher am Platz, als wenn ein Erwachsener seine Arbeit selbständig erledigt hat. Da ist es wohl angemessener, die Arbeit zu loben: „Das haben Sie toll gemacht!"

Wird nun ein spezifischesVerhalten gelobt, dann hat dieses Lob einen wesentlichen Einfluss auf das Lernen. Es wirkt als Verstärkung, und das heißt, das gelobte Verhalten wird in der Zukunft eher verstärkt und häufiger gezeigt werden. Das ist das „Lernen am Erfolg", die wirksamste und positivste Lernmethode überhaupt. Der große Vorteil von gutem Feedback besteht in, gerade dieser Lernform. Erfolg wird dann nicht zum Glücksfall oder Zufallstreffer, sondern kann durch erfolgreiches Verhalten immer öfter erreicht werden.

Eine ähnliche lernfördernde Wirkung hat auch das spezifische negative Feedback, zu deutsch: das kritische Ansprechen von Verhalten, das verbessert werden soll.. Dieses „Lernen aus Fehlern" wird im Allgemeinen durchaus als Chance gesehen, und es wird von vielen für die effektivste Lernform überhaupt gehalten. Das stimmt zwar nicht, aber dieser Irrtum ist leicht verständlich, denn unsere Fehler fallen uns, weil schmerzlich, durchaus öfter auf als unsere Erfolge. Uns ist diese Art des Lernens deshalb viel stärker bewusst. Und dieser Irrtum hilft uns, auch für das Anbieten von kritischem Feedback einen guten Grund zu haben. Vorsicht ist allerdings trotzdem geboten: Zuviel des Kritischen kann ganz empfindlich den Selbstwert des Getadelten und auch die Beziehungsebene im Gespräch stören. Deshalb wird es in einem großen Teil dieses Kapitels darum gehen, wie Sie auch dieses Feedback angemessen an den Mann oder an die Frau bringen. Im Einzelfall ist Lernen durch Kritik durch sofortige Korrektur noch in ein Erfolgserlebnis verwandelbar, und das ist eine große Chance, die in vielen Situationen des täglichen Lebens weiterhelfen kann.

Nun zu guter – oder schlechter – Letzt noch das unspezifische negative Feedback, zum Beispiel so etwas wie „Alles ausgemachter Unsinn" oder „Du bist doch der letzte Heuler". Nach diesem Schema fällt es zwar auch noch unter Feedback, aber Sie kennen es schon aus dem Anfangskapitel: Persönliche Kritik ist ein Gesprächsstörer allerersten Ranges. Die hier gewählten Beispiele sind durch die Verallgemeinerung „alles", die direkte Zuschreibung auf die Persönlichkeit „du bist..." und die gewählten Ohrfeigenwörter „Unsinn" und „Letzter Heuler" noch erfolgreich angereichert. In dieser Form können Sie sicher sein, dass beim Partner kein Lernerfolg resultiert, sondern dass er sich in seinem Selbstwert angegriffen fühlt und dass Ihre Beziehung zu Ihm unter diesem Angriff sehr stark leiden wird. Diese Form ist als Feedback in keiner Weise brauchbar.

Den Zusammenhang hat unsere Kollegin Anke Handrock im folgenden Schema veranschaulicht, das als „Feedback-Kompass" den Weg zum passenden Feedback zeigt.

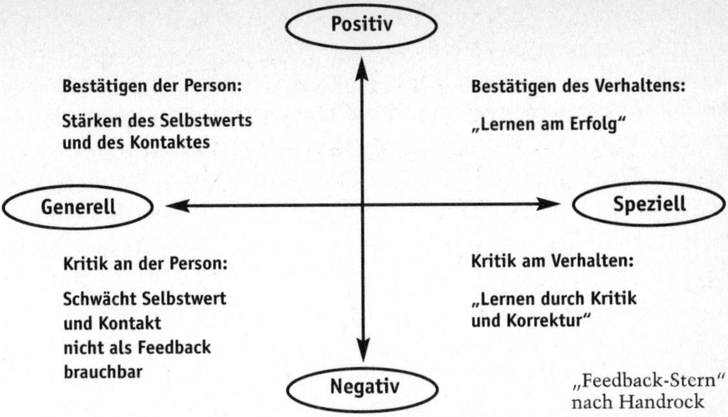

„Feedback-Stern"
nach Handrock

Muss Feedback immer subjektiv sein?

Feedback ist ein sehr brauchbares Instrument, um über die Qualität von Gesprächsbeiträgen und Gesprächen überhaupt reden zu können. Da aber auch Feedback ein Redebeitrag ist, wird es an dieser Stelle etwas komplizierter. Es geht nicht nur um die Frage, was Sie ansprechen und wie Sie es ansprechen. Es geht auch um die Einstellung, die Bewertung im Hintergrund, warum Sie es ansprechen und warum es für den Partner hilfreich und konstruktiv sein könnte. Weil das ein so wichtiges Thema für die Gesprächsqualität ist, will ich in diesem Kapitel auch etwas ausführlicher darauf eingehen.

Der Vorteil von klassischem Feedback ist, dass ich meine Wirkung auf den Partner erfahre. Damit haben Sie auch gleichzeitig den wesentlichsten Nachteil dieser subjektiven Art von Feedback kennengelernt: Ich kann nur erkennen, wie ich in diesem Augenblick auf diesen Partner wirke. Ich weiß nicht, wie ich zu anderen Zeiten auf ihn wirke, und ich weiß auch nicht, wie ich auf andere Partner wirke.

Die Individualität der jeweiligen Interaktion ist eine Herausforderung für jede Kommunikation. Einerseits ist es wichtig, sich auf jeden Gesprächspartner einstellen zu können. Andererseits kann es ja nicht Sinn dieses Buches sein, alle möglichen Interaktionsformen mit allen möglichen Gesprächspartnern zu bringen. Hier geht es vielmehr darum, spezifische Kommunikationsformen im Sinne von Gesprächsstrategien aufzuzeigen.

Solche Strategien sind die sechs Gesprächsförderer, die wir in diesem Buch schon behandelt haben. Eine davon kann zum Beispiel der Einsatz von Fragen sein, wie er im zweiten Kapitel beschrieben ist. Wenn Sie nun den Einsatz dieser Fragen trainieren wollen, dann haben Sie ein ganz konkretes Kriterium, das auch konkret beobachtbar ist. Es ist relativ einfach wahrzunehmen, ob ich in der Eröffnungsphase eines Gespräches während der ersten zwanzig Sätze drei oder dreizehn Fragen gestellt habe. Und dieser Unterschied wird auch von verschiedenen Beobachtern eindeutig wahrgenommen und beschrieben. Diese Beobachtungen können als Feedback rückgemeldet werden – auch unabhängig von der Wirkung auf den jeweiligen Gesprächspartner oder auf den Gesprächsverlauf (obwohl die Wirkung in diesem Beispiel wahrscheinlich schon beobachtbar sein dürfte).

In Ihrem Training ist es deshalb von wesentlicher Bedeutung, die unterschiedlichen Formen von Feedback auseinander halten zu können:

Was haben Sie in dem Gespräch tatsächlich getan?
Das Feedback zu dieser Frage ist **verhaltensorientiert.**

Wie hat der Partner in seinem beobachtbaren Verhalten reagiert?
Dieses Feedback ist **interaktionsorientiert.**

Haben Sie in dem Gespräch das getan, was Sie tun wollten?
Das Feedback zu dieser Frage ist **kriterienorientiert.**

Und haben Sie damit beim Partner die Wirkung erzielt, die beabsichtigt war?
Das Feedback dazu kann nur der Partner **subjektiv** geben.

Die verschiedenen Formen des Feedback lassen sich graphisch in einem einfachen Diagramm darstellen:

Formen des Feedback
1 Verhaltensorientiert
2 Ziel/kriterienorientiert
3 subjektive Wirkung beim Partner
4 Partnerverhalten

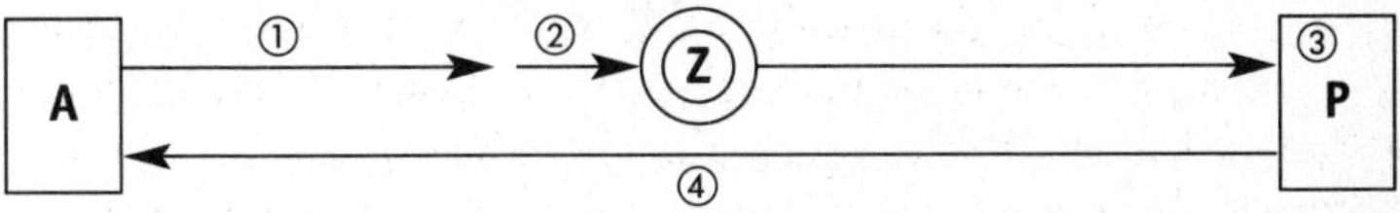

A: Akteur P: Partner Z: Ziel

Der Unterschied zwischen subjektivem und kriterienorientiertem Feedback ist aus mehreren Gründen wichtig: Ein konkreter Gesprächspartner, der voll und ganz im Gespräch dabei ist, wird vielleicht gerade noch die eine oder andere Wirkung wahrnehmen, die der Sprecher bei ihm erzielt. Aber die wenigsten sind in der Lage, konkret das Verhalten zu beschreiben, das diese Wirkung ausgelöst hat. Das wäre aber unbedingte Voraussetzung für den Sprecher, wenn er etwas ändern wollte. Denn was, außer seinem Verhalten, kann er denn überhaupt ändern?

Anders gesagt: Der aktuelle Gesprächspartner kann zwar das beste subjektive Feedback über die aktuelle Wirkung geben, aber die Verhaltensbeschreibung bleibt in aller Regel mangelhaft. Das gilt sowohl für die Quantität, weil der Partner andere Prioritäten hat und das Verhalten deshalb gar nicht detailliert beobachtet. In der Realität ist es eben so, dass der Kunde nicht das des Verkäufers, der Patient nicht das des Arztes reflektiert. Im Gegenteil: Normalerweise ist jeder erst mal mit sich selbst beschäftigt. Und das Gesagte gilt auch für die Qualität, weil der Partner als Betroffener natürlich parteiisch wahrnimmt und deshalb der am wenigsten objektive Feedback-Geber sein dürfte.

Die sachliche Grundlage von akzeptablem Feedback ist die Verhaltensbeschreibung. Wenn Sie also Feedback üben wollen, stehen Sie erst einmal vor dem Dilemma, wie Sie eine genaue Verhaltensbeobachtung üben wollen. Denn Partner, von denen Sie angesprochen werden, lösen ja in Ihnen schon eine Wirkung aus. Und dann wird eine objektive Beobachtung schwierig. Die Lösung lautet also: Üben Sie die konkrete Verhaltensbeobachtung zunächst noch nicht, wenn Sie in das Gespräch eingebunden sind. Üben Sie zunächst nur, wenn zwei andere miteinander reden. Üben Sie als unbeteiligter Zuschauer! Formulieren Sie im Geiste, wie Sie das Gesehene und Gehörte wertneutral beschreiben könnten.

Aber wie und wonach beobachten und analysieren wir überhaupt? Hier kommen die **Kriterien** ins Spiel. Entweder werden die Kriterien – bewusst oder unbewusst – subjektiv während der Beobachtung ausgewählt. Bei Feedbacks von Beobachtern, die auf diesem Prinzip beruhen, hören Sie Formulierungen wie „Mir ist aufgefallen..." oder „Da ist offensichtlich..." Offensichtlich für wen? Offensichtlich für jemanden, der wonach schaut? Hier wird die Subjektivität des Partners durch die Subjektivität des Beobachters ersetzt. Ob dadurch irgendetwas gewonnen ist, hängt dann einzig und allein von der Erfahrung und Qualität des Beobachters ab. Für einen ernsthaften Lernzusammenhang sollten die Kriterien also sinnvollerweise nicht ad hoc aus dem Ärmel gezaubert, sondern vorher zielorientiert vereinbart werden. Dann ist für alle Beteiligten transparent, was eigentlich geübt werden soll.

Als Lösung bieten sich zwei Alternativen an, die auch kombinierbar sind. Wenn die Erwartungen wichtig zu sein scheinen für das Feedback, so besteht die Möglichkeit, diese Erwartungen offen zu nennen, und zwar bevor es los geht. Anforderungen an die Gesprächsführung können klargelegt und abgesprochen werden. So ist eine Vereinbarung möglich, auf die jeder sich beziehen kann.

Vor einem Besuch bei der Schwiegermutter könnte die Ehefrau vorschlagen:

„Wenn du meiner Mutter ein paar offenen Fragen stellst und sie dann einfach erzählen lässt, fühlt sie sich am wohlsten. Dann brauchst du sie nur noch ausreden lassen."

Das Feedback erfolgt am leichtesten und sichersten über das Anknüpfen an Absprachen. Gab es dagegen keine früheren Absprachen, kommt auch das bestgemeinte Feedback nur schwer aus dem Geruch des Subjektiven und damit Willkürlichen heraus. Deutlich wird in jedem Fall: Meine Erwartungen – ob abgesprochen oder nicht – sind Kriterien zur Bewertung des Partnerverhaltens. Deshalb gehören sie im Feedback selbst eindeutig in die Bewertungsphase

Selbst wenn Beobachtungskriterien vereinbart sind, ist doch jeder Beobachter ein Mensch, der genau so subjektiv wahrnimmt wie alle anderen. Die eigenen, gewissermaßen „privaten" Kriterien wird er nie ganz ausblenden können. Für Beobachter ist es deshalb wichtig, in ihrem Feedback deutlich zu unterscheiden zwischen dem beobachteten Verhalten in Bezug auf die vereinbarten Kriterien einerseits und andererseits der subjektiven Wirkung auf ihn selbst. Dies umso mehr, als die Wirkung auf Dritte in einem normalen Gespräch in der Regel völlig irrelevant ist.

Aber genau da liegt auch die Lösung für das Problem. Wenn der Beobachter das Gespräch nur als Unbeteiligter verfolgt, ist er zunächst einmal unparteiisch und relativ neutral. Er hat also am ehesten die Chance, das beobachtete Verhalten in Beziehung auf die vereinbarten Kriterien zu verfolgen. In der Praxis ist deshalb das Üben mit Beobachter sehr effektiv. Nun kommt es darauf an, sich mit dem Partner auf sinnvolle Kriterien zu einigen. Und sinnvoll ist vor allem, was an Verhalten unmittelbar beobachtet werden kann. Einigen wir uns für das Ziel „Partnerschaftlich" auf das Kriterium „zeitgleiche Redeverteilung", so können verschiedene Beobachter bei Benutzen einer Stoppuhr ganz vergleichbare Ergebnisse erzielen.

Das wesentlichste Kriterium für konstruktives Gesprächsverhalten ist das darauf folgende Partnerverhalten. Ein weiterer

Vorteil dieser Neutralität des Beobachters liegt in der Möglichkeit, auch Verhaltenssequenzen zwischen verschiedenen Sprechern ohne Einfluss durch subjektive Erklärungen oder Interpretationen zu verfolgen. Sie können sich leicht vorstellen, dass gerade in sehr turbulenten und komplexen Situationen den Akteuren ihr Verhalten gar nicht völlig bewusst werden kann, dazu ist es viel zu viel und dafür geht es viel zu schnell. Genauso, wie wir unwillkürlich und unmittelbar auf die Verhaltensweisen von Partnern reagieren, ohne alle Details zu beobachten, genauso sind uns natürlich auch unsere eigenen Verhaltensweisen nicht völlig und in allen Einzelheiten bewusst. Die Subjektivität des Betroffenen kann sich sowohl in der Interpretation des Partnerverhaltens *(„Und dann hat sie auf einmal angefangen laut loszubrüllen")* als auch in der Interpretation des eigenen Verhaltens zeigen *(„Ich habe betont ruhig und sachlich weiterargumentiert").* Ein unbefangener Beobachter hätte vielleicht wahrgenommen, dass sie ihre Lautstärke um etwa 20% steigerte, worauf seine Stimme gepresster wurde und seine Körperspannung wuchs und er seine Stirn in Falten legte.

Wer hat angefangen?

Das Risiko bei dieser Form von Auswertung liegt darin, bei diesen Verhaltenssequenzen einen Ursache-Wirkungs-Zusammenhang zu vermuten *(„Weil sie lauter wurde, wurde seine Stimme gepresster").* Watzlawik hat sehr schön demonstriert, wie abhängig diese Interpretationen von der Wahl eines Anfangspunktes sind, der oft nur zufällig in unserer Wahrnehmung gesetzt wird, und spricht vom „Interpunktionseffekt". Wenn wir zwei Leute im Kreis laufen sehen, denken wir „automatisch", dass der zuerst Gesehene vom Zweiten verfolgt wird. Aber was haben wir wirklich gesehen: Wir haben zwei Leute laufen sehen – erst den einen, dann den anderen. Der Schluss, wer wen verfolgt, ist ein Schluss, der sich daraus ergab, wen wir zuerst gesehen haben. Und wen wir zuerst sehen, das kann ja auch daran liegen, wie wir hinschauen.

Das gilt besonders auch bei Gesprächsverläufen, die wir beobachten. Selbst wenn einer der beiden Gesprächspartner mit gereizter Stimme begonnen hat: woher wissen wir denn, was bei dem letzten Treffen dieser beiden, das wir nicht kennen, vorausgegangen war? Das heißt also, gerade bei der Frage, inwieweit ein Verhalten als Reaktion auf die Wirkung eines vorausgegangenen Verhaltens interpretiert werden kann, ist strikt zwischen der beobachteten Verhaltenssequenz und dem interpretierten Zusammenhang zu unterscheiden. Und die subjektive Bewertung der Beteiligten ist hier noch weniger hilfreich: In der Regel hat der andere angefangen, wenn es um Streit und Ähnliches geht. Und bei der Entschuldigung oder Versöhnung hat „natürlich" jeder selbst angefangen, klar doch.

Wenn Sie also Feedback über Verhaltensfolgen geben, dann ist es am einfachsten, wenn Sie die Frage nach dem „Anfang" nicht überbewerten. Halten Sie sich einfach an die Folge, die Sie beobachtet haben, und räumen Sie offen ein, dass das Ganze durchaus schon früher begonnen haben kann.

Von alters her gilt die Regel, dass Feedback nur über Verhalten gegeben werden soll, nicht aber über Personen. Das gilt speziell für kritisches Feedback, wie Sie am Beispiel des Feedback-Sterns oben bereits gesehen haben. Die nächste Regel, Feedback solle nicht wertend sein, nur beschreibend, wollen wir im Lichte der verschiedenen Feedback-Arten einmal genauer unter die Lupe nehmen. Zunächst erscheint klar, dass sie vor allem auf das subjektive, persönliche Feedback gemünzt ist. Wenn meine Kriterien subjektiv sind, steht es mir ja gar nicht zu, andere danach zu bewerten.

Nach welchen Kriterien werten wir eigentlich?

Effektiv und wirkungsvoll ist die Einstellung auf die Sichtweise und Maßstäbe des Partners. Sie kennen dieses Vorgehen bereits aus der Nutzenargumentation im fünften Kapitel. Wenn Sie die Ziele des Partners kennen oder erfragen, können

Sie die Kriterien zur Bewertung daraus ableiten. So werden Sie den Beurteilungsmaßstäben des Partners gerecht, und er wird Ihnen mehr oder weniger dankbar folgen.

Dann haben wir bereits die Methode kennen gelernt, die Kriterien mit dem Partner zu vereinbaren. Dann geht es darum, eindeutig zu beobachten und zu bewerten, wie weit diese Kriterien erfüllt wurden: Die Problematik liegt weniger in der Bewertung oder Beurteilung selber. Sie liegt vielmehr darin, ob der Beurteilte die Kriterien mitgestaltet hat und einen Nutzen darin sieht.

Feedback ohne Bewertung?

Vielleicht liegt das Unbehagen vieler Menschen am Thema „Bewerten" genau darin, dass sie weder mitreden durften noch etwas davon haben. Das wäre gut verständlich. Die Lösung, deshalb jede Bewertung zu vermeiden, ist aber keine Lösung: der Sinn der kriterienorientierten Seite des Feedback geht dabei verloren. Die Lösung sollte vielmehr darin bestehen, die Kriterien und die Bewertungsebenen mit den Beteiligten eindeutig zu vereinbaren.

Denken Sie an das Märchen mit den sieben Geißlein. Bevor die Mutter in den Wald ging, schärfte sie ihren Geißlein ein, worauf sie achten sollten: Sie nannte ihnen eindeutig beobachtbare Kriterien. Aufgrund dieser Kriterien konnten die Geißlein die beobachteten Tatsachen hinreichend beurteilen, um den Wolf zu erkennen – zumindest die beiden ersten Male. Und da sie dem Wolf hinreichend kriterienorientiertes Feedback gaben, hatte er die Chance, sich entsprechend zu ändern. Aber das wissen Sie ja schon.

Eine praktische Übung

Um den in der Regel völlig unbewussten Wahrnehmungs- und Verarbeitungsprozess bewusst und transparent zu machen, empfiehlt sich folgende Übung

Sie suchen sich einen Partner, beobachten ihn und geben Feedback nach dem Schema:
1 – ich sehe
2 – ich denke
3 – ich reagiere

Ein Beispiel:
Ich sehe, du ziehst die Mundwinkel nach unten –
ich denke, du hältst nichts von mir –
ich ärgere mich über dich

Wichtig ist dabei folgendes:
In der ersten Phase brauchen Sie unbedingt eine nachvollziehbare, wertneutrale Beobachtung. Also nicht: *„Du guckst so geringschätzig"* – dann hätten wir schon Phase 1 und 2 vermischt. Sondern: *„Du ziehst die Mundwinkel nach unten"*. Hier können wir unsere Beobachtung weiter schulen und verfeinern: zieht er oder lässt er hängen, wie schnell, wie weit unten ... usw.

Berücksichtigen Sie bitte, dass unser Feedback-Angebot nur dann sinnvoll, ist, wenn Sie sich auf steuerbare Verhaltensweisen beschränken. Die Länge seiner Nase – und wenn sie uns noch so stört – kann der Partner höchstens mit einer sehr fragwürdigen Operation verändern. Ob das dann für ihn sinnvoll wäre?

In der zweiten Phase haben wir dann die Gelegenheit, unsere Verarbeitung quasi im Entstehen mitzuverfolgen. Mit einiger Aufmerksamkeit und Sensibilität lernen wir unsere eigenen Deutungen, Interpretationen, Auswahlfilter, Maßstäbe und Kriterien kennen. Wieso bedeuten herabgezogene Mundwinkel „geringschätzig"? Wie müssten sie aussehen, um traurig, skeptisch, verbittert, enttäuscht, erstaunt, oder noch anders zu wirken? Wenn ich mich ärgern will, suche ich natürlich die Deutung heraus, die mir das größte Recht verleiht, auch wirklich Ärger zu spüren.

Diese Übung können Sie öfter auch zu Hause machen. Sie funktioniert auch hervorragend mit einem Partner, der von seinem Glück gar nichts weiß. Suchen Sie dann aber nicht jemand aus, der anfängt, sich zu wundern, warum Sie ihn unverwandt anstarren. Wählen sie lieber z. B. den Sprecher in der Tagesschau. Wenn Sie die Übung mit einem Partner machen wollen, ist auch eine sehr hilfreiche Variante möglich. Sie bitten den Partner nicht „Beobachtungsopfer" zu sein, sondern Beobachter. Sie arbeiten wieder mit z. B. dem Tagesschausprecher und lassen sich von Ihrem Beobachter kriterienorientiertes Feedback geben, wie Sie die Regeln einhalten. Wenn er auch üben will, können Sie dann die Rolle mit ihm tauschen. Der Beobachter kann unschätzbare Dienste leisten, die Phasen 1 und 2 auseinander halten zu lernen.

Das ist die wesentlichste Differenzierung, die Sie brauchen, um Selbstbild und Fremdbild zuverlässig auseinander zu halten: Was geschieht draußen in der Welt, und was passiert in uns? Halten Sie sich auch daran, stereotyp mit den Formulierungen „Ich sehe (bzw. höre)...", „Ich denke..." und „Ich reagiere damit, dass..." zu beginnen. Es erinnert uns daran, dass wir alle diese Verhaltensweisen – nicht nur Sehen und Hören, sondern auch internes Verarbeiten wie Denken sowie unser Reagieren selbständig und eigenverantwortlich entscheiden.

Das führt zu einer Schlüsselfrage im Kommunikations-Prozess: Was ist im Feedback eigentlich „wirklich"? Hier liegen zahlreiche Fehlerquellen verborgen, und die oft gestellte Forderung nach objektivem Feedback ist im Grunde eine Illusion. Die Frage „Bin ich wirklich so?" ist falsch gestellt – ich „bin" nicht so, sondern ich „wirke" so!

„Die Landkarte ist nicht die wirkliche Landschaft"

Ich bin so, wie ich wirklich bin. Das ist Realität. Wie ich mich selbst aber wahrnehme, das ist mein Selbstbild – das ist meine subjektive Wirklichkeit. Und wie andere mich wahrnehmen, das sind die vielen, vielen Fremdbilder, mit denen andere auf mich reagieren -- das ist deren Wirklichkeit. Das gleiche Verhalten wirkt auf verschiedene Beobachter immer ein wenig anders – manchmal sogar völlig verschieden –, weil dabei individuelle Wahrnehmung eine entscheidende Rolle spielt. Dennoch ist Feedback auch nicht nur subjektiv. Wenn ich auf viele Menschen ähnlich wirke, hat das wohl gute Gründe. Insofern ist Feedback „inter-subjektiv". Und man kann es schließlich auch systemisch betrachten: als Interaktionsprozess, wie ich auf jemand wirke, wie dieser sein Feedback formuliert und mir mitteilt, und wie diese Mitteilung auf mich wirkt. Betrachtet man Feedback-Prozesse bei Paaren oder Arbeitsgruppen, findet man nur zu oft sogenannte „Schleifen". Auf ein Stichwort eines Partners folgt fast automatisch eine entsprechende Kritik, die sofort mit Rechtfertigungen beantwortet wird ... die Eskalation scheint unvermeidlich.

Ein Beispiel: Die Ehefrau bittet ihren Mann, sich mehr Zeit für die Familie zu nehmen. Dabei gestikuliert sie mit erhobenem Zeigefinger. Der Mann legt die Stirn in Falten; er fühlt sich unter Druck gesetzt und gibt ihr darüber Feedback. Je mehr er aber redet, desto heftiger gestikuliert sie – aus der Bitte wird eine Forderung. Er seinerseits besteht auf seiner Sichtweise und argumentiert ebenfalls heftiger ... beide steuern auf einen handfesten Krach zu.

Der Auslöser war hier nicht die isolierte Geste und schon gar nicht das Feedback an sich, sondern die Schleife „Zeigefinger – Stirnrunzeln" und „Stirnrunzeln – Zeigefinger". Hier hilft nur eine systemische Betrachtungsweise und entsprechende Interventionen. Wenn Sie hineingeraten sind, ist es das beste, wieder auszusteigen. Das Praktische dabei ist: In einem Kreisprozess spielt es keine große Rolle, an welcher Stelle Sie aussteigen.

Einige Tipps zu guten Tipps

Am Ende des Feedbacks kann nach den traditionellen Regeln eine Verhaltensempfehlung gegeben werden. Aber Vorsicht – nach meiner Erfahrung ist es fast noch schwerer, gute Tipps zu geben, als überhaupt gutes Feedback zu geben. Wenn Sie Ihrem Partner ungefragt mit guten Ratschlägen kommen: „Ich würde an deiner Stelle...", dann vergessen Sie einen ganz zentralen Punkt: Sie sind nicht an seiner Stelle. Manchmal sieht der Partner über das gute Feedback einen Fehler ein und möchte ihn gleich korrigieren. Wenn er dann fragt: „Was würdest du denn da tun?", ist höchste Vorsicht geboten. Denn wenn Sie ihm jetzt einfach erzählen, was Sie tun würden, ist das meistens für ihn keine Lösung – denn er ist nicht Sie, und er hat andere Fähigkeiten und eine andere Motivation. Das heißt, auch wenn er Ihren Tipp versteht, heißt das noch nicht, dass er ihn auch befolgen kann oder will. Besser ist es deshalb, wenn der Partner fragt: „Was könnte ich denn da tun?" Nach dem Prinzip, dass er sich selbst am besten kennt, sollte er selbst auf jeden Fall an der Lösung dieser Frage mitarbeiten. Dann ist es durchaus in Ordnung, wenn Sie dabei auch ein paar Vorschläge machen. Eine interessante Variante ist hier, wenn Sie die Frage zurückgeben: „Was würdest du jemandem anderen in dieser Situation empfehlen?" Damit wird der Partner angeregt, sich selbst Tipps zu geben – das ist Hilfe zur Selbsthilfe.

Die ersten fünf Regeln für Feedback-Geber:

1. Achten Sie auf Akzeptanz!
2. Beobachten Sie das Verhalten genau!
3. Beschreiben Sie zuerst das Verhalten – nachvollziehbar und wertneutral.
4. Beschreiben Sie erst danach die Wirkung, die das Verhalten auf Sie oder den Partner hat: Legen Sie bei der Bewertung die Kriterien offen. Machen Sie im Zweifelsfall die eigene Subjektitvität durch eine klare Ich-Botschaft deutlich.
5. Geben Sie Verhaltensempfehlungen nur auf Anfrage.

Feedback akzeptieren

Auch als Feedback-Empfänger gibt es für Sie eine Reihe von Möglichkeiten, Feedback konstruktiv mitzugestalten. Eine wichtige Voraussetzung dafür ist das richtige Verständnis und die eigene Einstellung. Wer sich selbst vollständig zu kennen glaubt, unterschätzt meist den Wert von Beobachtungen seiner Gesprächspartner. Eine positive Einstellung zu Feedback läßt sich leichter erreichen, wenn Sie einige Punkte beachten:

1. Andere sehen uns in der Regel objektiver als wir es selbst tun. Sie erkennen auch das, was unseren Filtern zum Opfer fällt. Wir erfahren in jedem Fall eine persönliche Meinung über uns und unser Verhalten. Selbst wenn wir die Objektivität der Aussage bezweifeln, kann uns die Kenntnis der Meinung unseres Gesprächspartners den Umgang mit ihm selbst wesentlich erleichtern. Dabei haben wir leider keinen Anspruch darauf, dass der Partner alle Feedback-Regeln kennt und beherrscht. Natürlich ist es schöner, wenn Sie ein gut akzeptables Feedback nach allen Regeln der Kunst erhalten. Aber überlegen Sie einmal, wie (un-)realistisch dieser Wunsch ist. Was Sie machen können, um das Feedback für Sie selber konstruktiv zu gestalten, ist Nachfragen: „Was habe ich denn genau gemacht, dass dieser Eindruck bei Dir entstanden ist?" Wenn Sie Glück haben, wird dann die Verhaltensbeschreibung präziser. In vielen Fällen wird das aber Ihren Gesprächspartner fordern oder gar überfordern. Deshalb machen Sie von dieser Möglichkeit besser nur sparsam Gebrauch.

2. Es liegt in unserer eigenen Entscheidung (und Verantwortung), ob wir Feedback als Beobachtung oder aber als Veränderungsappell auffassen. Auch wenn wir ein angesprochenes Verhalten nicht ändern wollen – oder glauben, es zurzeit noch nicht ändern zu können – können wir dennoch die Wahrnehmungen und auch den Wunsch des Partners akzeptieren. Denn: Wer von uns verlangt, dass wir uns ändern, der glaubt daran, dass wir das auch können! Sonst wäre die Forderung unsinnig.

In der Praxis könnten Sie sagen: „Vielen Dank für diese Rückmeldung. Es ist sehr interessant für mich, deine Meinung zu kennen. Ich überlege mir, ob ich mein Verhalten ändern kann."

3. „Ich kann mich in dem Maß auf deine Wünsche und Erwartungen einstellen, wie es mir selbst entspricht, um unsere Kommunikation zu verbessern."
Auch wenn Sie den Wünschen der anderen entsprechen wollen – im Sinne Ihrer eigenen Persönlichkeit und Individualität sind dieser Flexibilität ganz natürliche Grenzen gesetzt. Sie können nur das tun, wozu Sie wirklich in der Lage sind. Es hilft weder Ihrem Gesprächspartner noch Ihnen selbst, wenn Sie sich völlig überfordern. In dieser hier formulierten ausführlichen Form mag der Satz etwas umständlich klingen – formulieren Sie ihn nach Ihrem persönlichen Stil!

4. „Wie ich dieses Feedback hier und jetzt aufnehme, bestimmt, ob und welches Feedback ich in Zukunft bekommen werde."
Es ist im Grunde sehr einfach: Höre ich mir ein Feedback interessiert an, nehme es ernst und berücksichtige es vielleicht sogar in meinem Verhalten, so hat mein Gesprächspartner ein Erfolgserlebnis. Er wird mir also wahrscheinlich weiterhin Feedback anbieten. – Wenn ich sein Feedback aber zurückweise, widerwillig aufnehme oder gar „richtigstellen" will, dann wird er frustriert und wird mir weniger oder kein Feedback mehr anbieten. Machen Sie sich klar: Jedes Feedback ist ein Geschenk, für das Sie sich bedanken können.

Zum siebten Gesprächsförderer gehört also als zweite Hälfte:

Zum siebten,
was Sie als guter Gesprächspartner lernen sollten,
gehört auch, Feedback zu akzeptieren.

Das Umsetzen einer solchen Haltung bringt unmittelbare Erfolge:

In der Service-Abteilung einer Bank hat sich die Kommunikation deutlich gebessert, nachdem die Führungsmannschaft vereinbart hatte, zu jedem Feedback von Kollegen einfach „Danke" zu sagen.

Wie bekommt man Feedback?

Wie erhalten Sie überhaupt Feedback, das Sie durch Akzeptanz verstärken kann? Am sichersten wäre natürlich, wenn wir die spontanen Rückmeldungen unserer Partner auf das Feedback hin schlüssig deuten könnten. Gelegenheit dazu bietet sich ständig. Selbst wenn uns ein Fremder unerwartet anspricht, ist das eine Rückmeldung über unsere Ansprechbarkeit in diesem Moment.

Aber Sie können auch **aktiv Feedback unterstützen** oder erbitten. Eine Möglichkeit ist praktikabel und recht einfach: Gehen Sie selbst in Vorleistung und bieten Sie selbst Offenheit an. Am einfachsten mit einer klaren Ich-Botschaft, über das eigene Erleben der Situation. Zum Beispiel: *„Als ich eben die Reklamationen ablehnte, habe ich mich unsicher gefühlt. Ich glaube, ich habe ganz schön gestottert."* Dann lässt sich leicht die Frage an den Kollegen anschließen *„Wie hat das denn auf dich gewirkt?"*

Aber streuen Sie nicht zuviel Asche auf Ihr Haupt. Ein zerknirschtes „Da hab ich wohl ziemlichen Mist gebaut" bringt weniger konkretes Feedback, sondern eher unspezifischen Trost – „Na, so schlimm war's doch auch nicht!" Und wird es gar als „fishing for compliments" aufgefasst, trägt es wenig zur Offenheit bei. Dabei gilt: Je konkreter meine eigene Stellungnahme, desto leichter fällt meinem Partner sein Feedback.

Eine zweite Möglichkeit: **Fragen Sie nach Feedback.** Tun Sie das nicht pauschal („Wie war ich?"), sondern ganz konkret: „Wie klang meine Stimme?" „Wie sah meine Gestik aus?" „Wie hat der Kunde aus deiner Sicht reagiert?" Hier bewährt sich wieder einmal die Kunst des richtigen Fragens. Wer pauschal fragt, bekommt auch pauschale Antworten – bei denen er wieder nachfragen muss, um sie einordnen zu können. Dieses Nachfragen geht aber meist zu Lasten des Gesprächsklimas. Und wer nach Feedback fragt, sollte sich unmittelbar auf die aktuelle Situation beziehen. Wer erst zwei Tage später nachfragt, riskiert, dass der Partner gar nicht mehr genau weiß, wovon die Rede ist. **Je konkreter Sie fragen, desto größer ist Ihre Chance, auch eine konkrete Antwort zu bekommen.**

Die beste Möglichkeit, um Feedback zu bitten, ist, es **im Voraus anzukündigen**. Vorbereitung ist zwar nicht alles, aber, wie mein Freund Jo zu sagen pflegt, „ohne Vorbereitung ist alles nix". Jeder kennt das: Wenn wir eine Rede proben wollen, bitten wir vorher einen Freund/Kollegen, sich das Ganze anzuhören und uns Feedback zu geben. Auch dabei gilt die Regel, so konkret wie möglich zu werden: Je genauer ich beschreibe, worauf der andere achten soll, desto leichter kann er mir hilfreiches Feedback geben. Die brauchbarsten Kriterien sind, wie gesagt, solche, auf die Sie sich vorher geeinigt haben. Wenn Ihr Kollege das Konzept der sieben Gesprächsförderer noch nicht kennt, kann er es auch nicht als Kriterienraster hernehmen. Dann wählen Sie einige wenige davon aus und stimmen es mit ihm ab.

Das gilt besonders für den beruflichen Kontext. Wenn ich gemeinsam mit einem Kollegen ein Kundengespräch führe, kann ich vorher genau umreißen, ob mein Kollege auf meine Fragetechnik, auf die Gestik oder meine Wortwahl achten soll. Aber: Weniger ist mehr. Besser drei Aspekte detailliert als sieben ungenau!

Ich kann selbst konstruktives **Feedback anbieten,** und so als Vorbild wirken, dem der andere folgt. Das setzt in der Praxis einiges voraus: Die Bereitschaft des Partners, mein Feedback anzunehmen und mein Gespür, seine Bereitschaft richtig einzuschätzen. Dann muss der Partner, der gerade Feedback erhalten hat und es auch verdauen muss, umschalten – und nun selbst Feedback geben. Last not least setzt es die sichere Beherrschung des Feedback-Gebens voraus, damit es wirklich konstruktiv ist. Wenn alle Bedingungen erfüllt sind, wäre dieses „gute Vorbild" natürlich zu empfehlen...

Der radikalste und schwierigste, aber erfahrungsgemäß wirkungsvollste Ansatz ist die Einstellung: **„Es gibt keine Fehler, sondern nur Feedback."** Ferdinand Lesseps, der Erbauer des Suez-Kanals, formuliert: „Unsere Gegner sind unsere besten Lehrer." Wer dies beherzigt, kann auch aus der härtesten Kritik noch Feedback gewinnen. Dieser Ansatz verlangt natürlich einiges an „Verarbeitung". Aber der Aufwand lohnt sich! Sie wirken nun einmal so, wie Sie wirken, und Feedback ist die einzige Möglichkeit, darüber Auskunft zu bekommen.

Die letzten fünf der zehn Gebote für Feedback...

...Für Feedback-Empfänger:

6. Andere sehen mich in der Regel objektiver als ich selbst.
7. Es liegt in meiner Entscheidung, ob ich Feedback als Information oder Veränderungsappell aufnehme.
8. Ich kann mich in dem Maß auf die Wünsche anderer einstellen, wie es mir selbst entspricht.
9. Je konkreter ich frage, desto größer ist meine Chance auf eine konkrete Antwort.
10. Wie ich Feedback aufnehmen, bestimmt, ob und welches Feedback ich in Zukunft bekommen werde.
    ...Deshalb sage ich bei Feedback „Danke!"

Wege in die Praxis

Lieber Leser, nun sind Sie am Ende dieses Buches angelangt. Was Sie gelesen und verstanden haben, was Sie freut oder ärgert – der Nutzen hängt nun davon ab, was Sie daraus machen.

Gelesen	ist noch nicht verstanden
Verstanden	ist noch nicht geglaubt
Geglaubt	ist noch nicht akzeptiert
Akzeptiert	ist noch nicht angewendet
Angewendet	ist noch nicht beibehalten!

Bei vielen Übungen werden Sie gedacht haben, dass sie sich mit anderen zusammen viel einfacher machen lassen. Diese Überlegung ist völlig richtig. In einer Gruppe kann man sich gegenseitig weiterhelfen, und man entdeckt vielleicht auch ganz neue Aspekte. Sie können z.B. eine Übungsgruppe gründen, in der ein regelmäßiger Erfahrungsaustausch möglich ist. Wir führen in unserem Institut regelmäßig Seminare und NLP-Ausbildungen durch. Wenn Sie mehr erfahren wollen und sich dafür interessieren, schreiben Sie uns:

INNTAL INSTITUT
Claus Blickhan
Asternweg 10a
83109 Großkarolinenfeld
Tel. 08031-50601 www.inntal-institut.de
Fax. 08031-50409 mail@inntal-institut.de

Wir freuen uns über Ihre Rückmeldung, was Ihnen an diesem Buch gefallen hat und was weniger, wie Sie die Übungen in Ihrem Alltag umgesetzt haben und wie es Ihnen dabei ging.

Literatur

Blickhan, C. & Blickhan, D.: Denken, Fühlen, Leben, mvg, Landsberg, 2000 (7. Aufl.)

Blickhan, C. & Ulsamer, B.: NLP für Einsteiger, GABAL, Speyer, 2000 (11. Aufl.)

Blickhan, Claus: Was schiefgehen kann, geht schief – Murphy's Gesetze in der Wunderwelt der Psychotherapie, Carl Auer, Heidelberg, 1999

Blickhan, Claus: Feedback – unter die Lupe genommen mit NLP in: Multimind, Heft 3, 8.1994

Blickhan, Daniela: Mit Kindern wachsen – NLP im Alltag, Junfermann, Paderborn, 1996 (2. Aufl.)

Blickhan, Daniela: Nerv' nicht so, Mama – Wie Eltern sich und ihren Kindern mit NLP helfen können, Herder, Freiburg, 1998 (2. Aufl.)

Blickhan, D. & Seidel, I.: Mama, die Schule nervt mich! Herder, Freiburg, 1999

Ende, Michael: Momo, Thienemanns, Stuttgart, 1973

Fast, Julius: Körpersprache, Rowohlt, Reinbek, 1975

Gordon, Thomas: Die Familienkonferenz, Rororo, Reinbek 1972

Handrock, Anke: Feedback. In: Blickhan, C. und D., & Handrock, A.: NLP-Trainer–Training. Unveröff. Seminarunterlage, Inntal-Institut, Rosenheim 1998

Kirsten, Reiner, & Müller-Schwarz, Joachim: Gruppenarbeit, DVA, Stuttgart 1973

Müller-Schwarz, Joachim: Gesprächsführung. Unveröff. Seminarunterlage, Wirtschaftspädag. Institut, Hannover 1978

Nick, Franz: Management durch Motivation, Kohlhammer, Stuttgart 1983

Rogers, Carl R.: Die Entwicklung der Persönlichkeit, Klett, Stuttgart 1979

Schlegel, Leonhard: Die manipulativen Rollen oder das Drama-Dreieck nach Karpman, in: L. Schlegel., Die transaktionale Analyse, Francke UTB, Tübingen 1988 (3. Aufl.), S. 148 – 151

Von Uslar, Moritz: „100 Fragen an Hans Eichel". Süddeutsche Zeitung Magazin, Nr. 10, vom 10.3.2000, S. 19

Schulz von Thun, Friedemann: „Bleiben Se Mensch, Herr Psychologe!", Psychologie heute 1980, Heft 9, S.12-17

Schulz von Thun, Friedemann: Miteinander reden: Störungen und Klärungen, Rowohlt, Reinbek 1981

Tannen, Deborah: Du kannst mich einfach nicht verstehen, Kabel, Hamburg 1991

Tannen, Deborah: Das hab ich nicht gesagt, Kabel, Hamburg 1992

Watzlawick, Paul, Beavin, J.H. & Jackson, D.D.: Menschliche Kommunikation, Huber, Bern 1969

Anhang

Lösungsvorschläge zu den Übungen

Beispiel Zuhören (Kapitel 1, S. 30)

	Zuhören Stufe:
A: So, das war's für heute! Den Michael ruf ich morgen an.	
B: Welchen Michael meinst du?	3
A: Den Bruder von Bernd.	
B: Ah ja.	2
A: Weißt du – da will ich lieber in der richtigen Laune sein.	
B: Mhm, dann fühlst du dich sicherer.	5
A: Genau. – Wenn ich bloß wüsste, warum ich mir gerade bei dem so viel' Gedanken mache!	
B: Bei dem tust du dich schwerer als bei anderen?	4–5
A: Ja, schon. Dabei kenn' ich doch auch andere Jungs, aber bei denen klappt es leichter.	
B: Hm.	2
A: Ich weiß nicht...	
B: Ich frag mich, was bei dem Michael das Besondere ist.	3
A: Ja, eben. Da wird mir gerade klar – ich weiß es gar nicht. Ich hab zwar immer dieses komische Gefühl gehabt, aber noch nie ernsthaft drüber nachgedacht.	
B: Du meinst, das ist das erste Mal, dass du dich ernsthaft damit auseinander setzt?	4
A: Ja, schon. – (Pause) Irgendwie liegt es an seiner Art, so zu schauen, als ob er einen testet.	
B: So wie eine Art Prüfung?	4
A: Ja, genau so. In der Schule hab ich Prüfungen schon nicht ausstehen können!	
B: Bei ihm kommst du dir ein bisschen vor wie in der Schule?	4
A: Na ja – eigentlich ist es ja wirklich was anderes.	

B: Aha. 2
A: Meinst du nicht?
B: Doch, klar. Mein' ich auch. **(Antwort auf Frage)**
A: Eben. Das ist doch ein Junge wie andere, auch wenn er mir gefällt. Vielleicht sollte ich einfach mutiger rangehen.
B: Das klingt schon tapferer. 5
A: Ja klar. Und ich überleg mir schon mal, was ich sage.
B: Du weißt jetzt, wie du es anfangen willst? 4
Na also! **(Kein Zuhören; Bestätigung – Ermutigung)**
A: Ja genau. Siehste, hat sich gelohnt, mal darüber zu reden. Tschüss!

Kapitel 3 Textbeispiel 1 (S. 58)

Warum ist Kommunikation für den Menschen notwendig?
Kommunikation wirkt auf zwei Ebenen:

1. Sie befriedigt unmittelbar Bedürfnisse nach Sicherheit, Wertschätzung und Selbstverwirklichung.
2. Sie dient der Information darüber, wie die Bedürfnisse befriedigt werden können.

Wieviel Kommunikation braucht der Mensch?
Die Menge muss mindestens den Bedürfnissen entsprechen. Sie darf aber ein Maximum nicht überschreiten, sonst kann sie nicht verarbeitet werden.

Wie soll Kommunikation aussehen?

- Geben Sie Informationen nach ihrer Bedeutung gewichtet weiter.
- Nutzen Sie die richtigen Kanäle (Gespräch, Brief, Telefon usw.).
- Inhalt und Ausdruck sollen übereinstimmen.
- Formulieren Sie klar und verständlich.
- Fördern Sie das Verständnis zwischen Sender und Empfänger.
- Wählen Sie den richtigen Zeitpunkt.

Kapitel 3, Abschlusstest (S. 73)

Test	**P**	**O**	**S**	**I**	**T**	**I**	**V**
Wichtige Punkte sind betont	+						
alles geht durcheinander		–					
kein überflüssiges Wort	+						
langweilig	–			–			
kurze Beispiele	+			+			
direkte Rede				+			
der Reihe nach		+					
viele Fachausdrücke			–				
Füllwörter und Weichmacher	–		–				
Vergleiche				+			
sehr abstrakt			–	–			
der rote Faden ist klar		+					
das hätte kürzer sein können	–						
bleibt beim Thema	+				+		
viele Nebensätze			–				
manches ist überflüssig	–						
alles Notwendige ist gesagt							+
Zusammenhang erkennbar		+					
verflochtene Satzgefüge			–				
Gegenbeispiele sind bekannt						–	

7 Gesprächsförderer – 50 Tipps

1. Aktiv zuhören

Zuhören statt Weghören und -sehen:
Blickkontakt, Zuwendung, Schweigen.
Quittieren, dass der Partner redet:
„Aha", „Mhm", Nicken; Haltungsecho, usw.
Nachfragen: direkt oder indirekt, allgemein oder speziell.
Wiederholen, WAS der Partner gesagt hat:
Verbalisieren, Umschreiben, Klären, Zusammenfassen.
Ansprechen der impliziten Aspekte und der Gefühle:
Verständnis, WIE es dem Partner geht.

2. Offen Fragen

Einstiegsfragen:	*Was alles?*
Erweiternde Fragen:	*Was noch?*
Präzisierende Fragen:	*Wie genau?*
Konkretisieren:	*Wer, Wo, Wann, Was im einzelnen?*
Geschlossene Frage:	*zum Abschluss!*

3. Verständlich informieren

Prägnant und kurz	– statt langatmig und weitschweifig
Ordnung, Gliederung	– statt durcheinander, verwirrend
Simpel, einfach	– statt kompliziert, komplex
Interessant, anregend	– statt langweilig, wenig ansprechend
Thema treffend	– irrelevante Informationen lenken ab
Inhaltlich richtig	– falsche Informationen helfen nicht
Vollständig	– das Notwendigste ist klar gesagt

4. Offen und direkt sprechen

Ich und du – statt man und wir
Aktuell statt olle Kamellen
Nutzen Sie die Sprache ihres Körpers!
Sprechen Sie stimmig!

5. Nutzen bieten
Von der zarten Andeutung zum wirksamen Appell
Von den Motiven zum Nutzen
Fragen statt Faseln
Wichtig vor richtig!
Argumentieren statt behaupten
Bitten statt befehlen
Überzeugen statt überreden

6. Partner gewinnen
Klare Angebote in Ich-Botschaften
Klare, nutzenorientierte Appelle
Gemeinsame Körpersprache
Gemeinsame Situation ansprechen
Gemeinsame Erfahrungen
Gemeinsame Interessen, Ziele und Visionen

7. **Feedback geben ...**

1. Achten Sie auf Akzeptanz.
2. Beobachten Sie das Verhalten genau.
3. Beschreiben Sie Verhalten, nachvollziehbar und wertneutral.
4. Legen Sie bei der Bewertung die Kriterien offen.
5. Geben Sie Verhaltensempfehlungen nur auf Anfrage.

... **und Feedback annehmen**

6. Andere sehen mich in der Regel objektiver als ich selbst.
7. Es liegt in meiner Entscheidung, ob ich Feedback als Information oder Veränderungsappell aufnehme.
8. Ich kann mich in dem Maß auf die Wünsche anderer einstellen, wie es mir selbst entspricht.
9. Je konkreter ich frage, desto konkreter die Antwort.
10. Wie ich Feedback aufnehmen, bestimmt, ob und welches Feedback ich in Zukunft bekommen werde.

... Deshalb sage ich bei Feedback „Danke!"